歷經多次絕境再起的傳奇作手

傑西・李佛摩 年表／本金變化圖

LEGENDS OF TRADING

Jesse Lauriston Livermore, 1877-1940

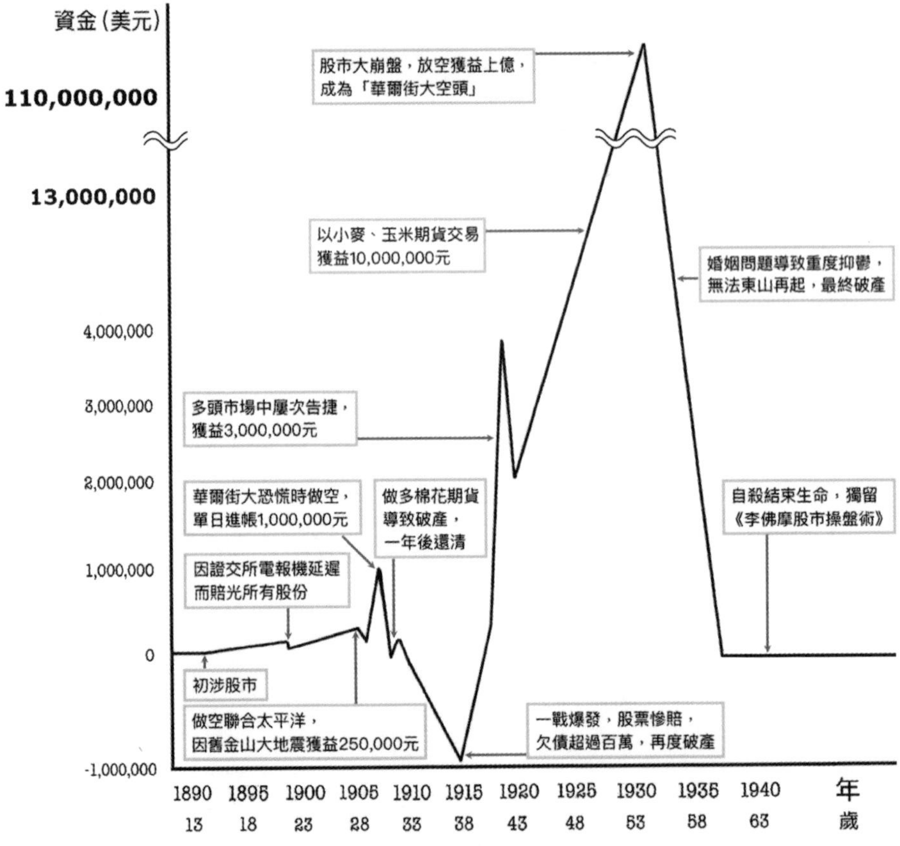
資金(美元)
110,000,000
13,000,000
4,000,000
3,000,000
2,000,000
1,000,000
0
-1,000,000
股市大崩盤，放空獲益上億，
成為「華爾街大空頭」
以小麥、玉米期貨交易
獲益10,000,000元
婚姻問題導致重度抑鬱，
無法東山再起，最終破產
多頭市場中屢次告捷，
獲益3,000,000元
華爾街大恐慌時做空，
單日進帳1,000,000元
做多棉花期貨
導致破產，
一年後還清
自殺結束生命，獨留
《李佛摩股市操盤術》
因證交所電報機延遲
而賠光所有股份
初涉股市
做空聯合太平洋，
因舊金山大地震獲益250,000元
一戰爆發，股票慘賠，
欠債超過百萬，再度破產
1890 1895 1900 1905 1910 1915 1920 1925 1930 1935 1940 年
13 18 23 28 33 38 43 48 53 58 63 歲

▲李佛摩本金變化圖

一八七七
生於一個美國農場，家境貧困。

一八九一
十四歲時，李佛摩的父親希望他輟學務農，他不願聽從，離家到一間證券經紀公司工作。這時李佛摩第一次嶄露出對數字的敏感度與天賦。

一八九二
十五歲時初探股市。李佛摩用五美元買伯靈頓股票，獲利三．一二美元。之後持續交易，每週獲利約二百美元，人稱「少年作手」。他賺進第一桶金（一千美元）後便決定辭職，專心交易。

一八九五
十八歲時，李佛摩已在波士頓多個空中交易所賺進一萬美元，三年內淨收益達一〇〇〇〇%，成為了許多交易所的黑名單。

一八九九

美股大漲，李佛摩搬往紐約並娶了第一任妻子。

他用四〇〇%保證金做空一支預期回檔的股票，但是當時股價電報機更新速度太慢，他因此失去所有股份，並要求妻子變賣珠寶讓他繼續交易。

一九〇一

李佛摩借了二千美元搬往聖路易斯繼續進行交易。二十四歲第一次大賺，當時他做多北太平洋公司，財產從一萬美元增加至五萬美元，但沒多久又再度賠光。

一九〇六

喪志之餘，李佛摩到佛州休息度假，他受到無形的力量指引，決定做空聯合太平洋，而後發生舊金山大地震導致聯合太平洋狂跌，他因此獲利二十五萬美元。

一九〇七 華爾街大恐慌，李佛摩做空創下單日進帳一百萬美元紀錄。J・P・摩根這時找上李佛摩，希望他停止放空，隨後股市因他大舉平倉而止跌，經過此役，他的資產提升至三百萬美元。李佛摩這時已贏得英雄之名，因此許多華爾街人士跟著買進，市場也逐漸復甦。

一九〇八 李佛摩聽從友人棉花大王湯瑪士建議，做多棉花期貨，結果再度破產，一年後才還清債務。

一九一五 一戰爆發，股票慘賠，李佛摩再次破產，但他在兩年後的牛市中償清所有債務。

一九一八 四十歲時與第二任妻子多蘿西（Dorothy）結婚。他為妻子建立了信託基金，兒子出生之後又留了一筆信託基金。

一九一九　威爾遜總統邀請李佛摩入白宮，請他平倉棉花期貨以救國急。

一九二三　埃德溫·勒菲弗（Edwin Lefevre）以李佛摩為原型撰寫《股票作手回憶錄》，出版上市後廣受歡迎。

一九二五　李佛摩與著名投機客亞瑟·卡滕（Arthur W. Cutten）互相競爭，在芝加哥期貨交易所小麥及玉米交易中賺進一千萬美元。

一九二九　股市大崩盤，李佛摩因大舉放空而獲利上億美元，達到生涯巔峰，得到「華爾街大空頭」稱號。當時媒體窮追不捨，他甚至收到許多威脅恐嚇，從此需要保鑣隨扈。

一九三〇　婚姻問題讓李佛摩陷入低潮，作手生涯因此開始走下坡。

一九三四

第二次離婚隔年與第三任妻子哈麗特・梅茨（Harriet Metz）結婚。美國證交會成立後，新的規則使他無法再像從前一樣呼風喚雨。一九三四年李佛摩再度破產，而後罹患重度抑鬱症，兒子小傑西說服他寫書以轉移注意力。

一九四〇

完成《李佛摩股市操盤術》之後自殺，終年六十三歲。

李佛摩留下給妻子的遺書：「我受不了了，太多糟糕的事情發生在我身上。我已經失去鬥志、也厭倦再去抵抗奮鬥了。我已經無法繼續走下去，只剩下這條路了。我不值得妳的愛，我是一個失敗者。我真心對妳感到抱歉，但這是能讓我解脫的唯一途徑。」

Financier Is Suicide

NEW YORK, Nov. 29 (U.P.)—Jesse L. Livermore's youthful widow tearfully studied his suicide note today. It said he had been a "failure."

One-time "boy plunger," "wizard of Wall Street," "cotton king," winner and loser of four fortunes, Livermore shot and killed himself last evening in the gentlemen's lounge of a fashionable Fifth Ave. hotel.

The obdy of the 62-year-old speculator, one of the Nation's most spectacular market operators, was identified for the police by his son, Jesse Livermore, Jr.

The police called Mrs. Livermore, the former Harriet Metz Noble of Omaha, a concert singer. She was overcome with grief and was unable to go to the hotel.

Livermore had hoped to make a fifth fortune, but had failed. He began his career when 16 years old and ran $10 into millions. His first fortune was made in 1907 during the "rich man's panic," in a copper boom. Two years later he lost those three millions when he attempted to corner the cotton market. He was forced to sell his yacht and the jewelry of his first wife. In 1912, he re-entered the market with a borrowed stake and made a fortune in cotton. This one lasted two years.

JESSE L. LIVERMORE... —erstwhile "wizard of Wall Street," who last night took his own life in New York. Maker and loser of several fortunes, Livermore left a note saying he had been a "failure."

▲《伯克利每日公報》（*Berkeley Daily Gazette*）當時報導李佛摩自殺事件

第一部分

李佛摩操盤金律

第一章

投機，是需要耐心的挑戰

人性摻雜了恐懼與希望。如果市場離你遠去，你自然會希望今天就是最後一天；當市場順從你的心意，你會害怕明天就失去所有利潤。成功的交易者必須違逆這兩種本能。

投機，是世上最具魅力的遊戲。但是，這個遊戲愚蠢的人不能玩，懶得動腦筋的人不能玩，情緒控管不佳的人不能玩，妄想一夜致富的冒險家更不能玩。這些人如果貿然投入，至死終將是窮困潦倒。

長久以來，每當我參加晚宴，總會有人走過來坐到我身邊，不論認不認識，幾無例外，稍作寒暄後便開口問道：「我如何才能從股市裡賺到錢？」

以前我總會不厭其煩地向他們解釋，想從股市裡輕鬆賺錢、迅速致富的種種困難；要不然我也會想辦法藉機脫困，禮貌的擺脫他們。後來，再遇到類似問題，我的回答往往只剩冷冷的一句：「不知道。」

碰上這種人，你很難耐得住性子。其他的先不說，這樣的問法對於一個以科學方法研究投資和投機的人來說，實在算不上恭維。這好比外行人問律師或外科醫生說：「我怎樣才能靠法律或者外科手術發財？」

不過，我還是認為，大多數對股市和投機有興趣的人，如果有人能夠為他們指引正確方向，他們都願意費心研究來換取可觀的報酬。本書正是為這些人而寫的。

撰寫本書的目的是希望將個人畢生投機經驗的幾項重點加以陳述——不論是成功或失敗的紀錄，以及我從中學到的教訓。從這些經驗中勾勒出自己在交易實踐中採用的「時間要素理論」，我認為，投機要成功，這是最重要的因素。

不過，在我繼續談下去前，我必須說，「一分耕耘，一分收穫」，成功的果實將與你能否親自做紀錄、思考與作結論的誠心誠意成正比。你總不會聰明到閱讀《如何保持健美》一書，卻將運動這一部份交給他人代勞。因此，如果你有心要實踐這書中的論點，無論如何都不可以將記錄行情的工作假手他人。

我只能「師父領進門，修行在個人」。如果你借助我的引導，最終有能力在股票市場上賺到錢，將是我最欣慰的。

這本書是針對具投機傾向的人而寫，書中有我多年來投機和投資所領悟到的要點和想法。任何有意從事投機操作的人都應該嚴肅的把它當成事業來經營，不要像許多人一樣，把它當成賭博。假如我的這項前提是正確的，即投機是一嚴肅生意的這項大前提成立，那麼想要參與這一行的朋友就應當下定決心認真學習，上天下地找資料來充實自己，並盡力了解這一事業。四十年來，我竭盡心力期望能將投機這冒險事業經營得順利一些，我已經發現了一些適用於這一行的要領，還將繼續發掘能應用到這個事業的新法則。

記不清有多少個夜晚，我在床上輾轉反側，反省自己為什麼沒能預見一段行情即將到來，隔天，天未亮我便醒來，心裡已有一個新的想法。我等不及天亮，便急著檢視手上的歷史行情紀錄來檢驗新點子是否有效。通常這種情況下所產生的新點子都還不到百分之百正確的程度，但是其中多少總有些正確的成分，而且這些可取之處都會留在腦中。過一陣，或許又有其它想法在腦子裡成形，我就可以立即著手檢驗。

隨著時間的變化，各種想法會越來越清晰、具體，於是我逐步發展出一套記錄行情的方法，並作為判斷市場走向的操作指南。

這套理論經實際應用的結果令人滿意，在投機生意中，或者說在證券與商品的投資中，再也沒有什麼新鮮事——萬變不離其宗。有些時候我們必須投機；某些時候，我們絕不能投機。

有句諺語說：「你可以賭贏一場賽馬，但你不可能每場都贏。」股海浮沈也是同樣的道理。有的時候，我們可以從股票市場投資或投機中獲利，但是如果我們日復一日地在市場裡打滾，就不可能天天賺錢了。只有那些有勇無謀的莽漢才會這樣做。這種事本來就是不可能、也不會有希望的。

投資或投機要成功，首先要對某一檔股票的下一個重大發展心中有數。投機說穿了其實就是預期市場未來的動向。為了做出正確的判斷，所作的判斷就必須有所本。舉例來說，在某一則新聞見報後，必須站在市場的角度，分析它可能對行情造成的影響。試著預測這則消息對一般投資大眾造成的心理效應——特別是與其利害相關的那群人的心理反應。即使你從市場角度去判斷，認定它將產生明確的看漲或看跌效果，也千萬不可草率地認定自己的看法，而要等到市場的變化為你的判斷背書。因為它的市場效應未必如你所預期的那般顯著，舉例來說，市場已經沿著一個明確趨勢方向持續了一段時間，一則偏多或者偏空的新聞也許對市場產生不了任何作用。這時的市場可能正處於超買或超賣狀態，在此情況下，對特定消息的影響便容易遭到漠視。碰到這種情況，過去在類似情形下所做的紀錄對從事投資或投機的人而言便有非常寶貴的參考價值。此時投資人必須全然摒棄個人意見，將全部的注意力轉到市場本身的表現上。市場永遠不會錯，錯的往往是個人的意見。除非市場的表現與投資人或投機者的看法一致，否則個人意見一文不值。

今天，沒有任何人或者任何組織能夠號令市場的起落。你可能對某支股票有看法，相信這支股票將要上漲或下跌，儘管你的看法是正確的，但仍有可能賠錢，因為你可能過早採取行動。相信自己的想法是正確的而立即採取行動的結果，就像這種情境：

在你依據自己的看法付諸行動後，那股票竟朝相反的方向走，行情也陷入膠著，於是你在意興闌珊之下出場。或許過了幾天，這支股票看起來又正常了，而你也再次買進，但就在你剛剛買進後不久，走勢又與你的看法相左，你再次懷疑自己的判斷而出脫持股。終於，行情啟動了。但是，由於先前的躁進，且接連犯下錯誤，這一回你反而沒有勇氣進場。更可能在多次冒進後，對自己的判斷完全失去信心了。因此，貿然投入行情尚未發動的股票，是無法在走勢真正啟動時躬逢其盛的。

在此，我要強調的是，當針對某一支股票或某些股票有確切的看法後，千萬不要一頭栽進去。先等等，觀察一下市場的反應，並找到判定的依據，然後伺機而動。打個比方說，某支股票目前的成交價為二五美元，並且已經在二二美元到二八美元的區間裡維持了一段時間。而你相信這支股票最終將漲到五〇美元。這時你必須有耐心，等這支股票活絡起來，等它創新高，比如說上漲到三〇美元。這時候，市場的表現證實了你的想法正確。這支股票必定是夠強勢，否則不會來到三〇美元的價位。當出現這樣的情形，它才可能真的要發動走勢——強攻上漲。要為自己的想法下注，此其時矣。不要因為沒能在二五美元時買進而懊惱。假使你真的在二五美元時買進，也可能不耐久候而被洗出場了，因為不斷的價格波動、跌破買進價格會讓人心生怨懟，等到真該進場時，反倒沒有買進。

經驗證明，不論股票還是期貨，投機要能真正獲利，關鍵是一開始進場就賺到錢才行。接下來，我將列舉一些自己的實際操作經驗，從這些例子當中你會注意到，我選擇一個關鍵的心理時刻來投入第一筆交易——這個時刻是，當市場動能強大，它將突破價格。這支股票之所以繼續飆升，不是因為我的操作，而是因為它背後這股強大的力量，然後讓它突破、創新高價。許多時候，我也像其他投機人一樣，沒有耐心去等待這種穩當的時機，因為我也想無時無刻都能獲利。你也許會問：「你經驗那麼豐富，怎麼還會發生這種事呢？」答案很簡單，身為人，就有人性的弱點。就像所有的投資人一樣，我有時候也會因為失去耐性而影響了判斷力。投機交易類似打牌，不管是橋牌或是其他類似的遊戲。每個人或多或少都有這個弱點，而這弱點正是投資人和投機者的頭號敵人，如果不小心防範，終將萬劫不復。

人性的特點在於同一時間內既可滿懷希望同時也可能擔驚受怕，然而，一旦你將希望和恐懼這兩種情緒帶進投機事業，災難就沒完沒了。因為你往往會被這兩種情緒攪亂——應該害怕的時候卻滿懷希望，在該懷著希望的時候卻感到恐懼。

舉例來說，你在三〇美元的價位買進了一支股票。第二天，它很快上漲到三二美元或三二．五美元。你立即變得患得患失，擔心如果不賣出股票落袋為安，明天恐怕就會化為烏有——於是你決定賣出獲利了結。在你理當享受希望無窮的時刻卻帶著那蠅頭小利出場！為何你會擔心失去一天前尚不屬於你的小小財富？如果你能在一天的時間裡賺到上漲二美元的利潤，那麼再一天你可能再賺二美元或三美元，再一週或許能又賺超過五美元以上的利潤。只要這個股票的表現正常，市場也沒有出狀況，就不該急著獲利了結。你知道你是對的，因為假使你錯了，根本就不會賺取任何利潤。應當順勢讓利潤滾動，也許它最終會滾成一筆很可觀的利潤，只要市場沒有任何足以讓人擔憂的跡象，那就鼓起勇氣，堅定自己的信念，抱緊股票。反之，假設你在三〇美元買進某支股票，第二天它下跌到二八美元，出現二元的損失。你卻不擔心第二天這支股票可能繼續下跌三元或更多，因為你只把當前的變化看成短暫回檔，覺得第二天會回到原來的價位。事實上，這才是你該感到忐忑不安的時候，在這二元的損失之後，很可能再跌個二元，再來又跌個二元、跌跌不休，未來的一到二週內再跌個五元或十元。這時才是你應當感到恐懼的時刻，因為你沒有停損出場，接下來可能要承受更大損失。此時，你應當拋出股票以求自保，以免虧損持續擴大。

利潤總是能夠照顧好自己，而虧損則總是沒完沒了。投機者必須勇於停損、承擔第一筆的小損失，以避免事態擴大。留得青山在，或許在不久的將來，當你又有好標的時，才有機會重整旗鼓再度出手、收復失土。投機者必須做自己的保險經紀人，要確保這投機事業得以持續的唯一辦法就是，小心守護自己的資金帳戶，決不允許虧損大到足以威脅未來操作的程度。我相信任何成功的投資者或投機者事前必定有充分的理由才會決定入市做多或做空的，另一方面，我也認為他們必定是透過某一種方法的指引，才決定要在什麼時候出手建立第一筆交易。

容我再重複一次，一波行情的發動無疑要經過數度的點火，而我堅信任何一位具投機者本能與耐性的人必有定見，能想出一套足為指標的特殊方法，讓自己能夠正確判斷建立第一筆交易的時機。投機要成功不能單憑臆測，不論投資或投機想要立於不敗，就必須要有指標來導引。我慣用的指標也許對他人而言毫無價值，何以如此？如果這些指標於我是法寶，為何對他人來說卻無法發揮功效？說穿了也就是因為，世上並沒有任何一種指標可以打包票、做到百分之百的正確。假如我使用的是我最喜愛的指標，我就能判定結果如何。假如股票表現不如我的預期，我也立刻就能判定時機尚未成熟——而我會將這筆買賣結束。也許過個幾天，指標又告訴我，可以進場了，我又再度進場，而或許這次就全然正確了。我相信任何人只要肯花時間耐心研究價格的變動，假以時日必能發展出一套屬於自己的指標，幫助日後投資上的判讀。書中我將介紹幾項我認為有助於投機操作的要點。

交易員有各式均價的圖表與紀錄。有時候，這些平均數圖表毫無疑問地能勾勒出一個確切的趨勢，因此他們整日隨之起舞，上沖下洗。然而對我個人而言，這些圖表卻無法引起我的興趣，因為我覺得讓人眼花撩亂，但是，我辛勤的記錄與其他人維護圖表的執著是一樣的。而且，說不定他們才是對的，我是錯的。

我偏好做紀錄，因為做紀錄可以讓我對即將發生的事情勾勒出一個清晰的想法，但是，得要考慮到時間因素，這些紀錄才能對預測未來的重要變動產生幫助。我相信藉由適當地製做紀錄以及列入時間因素的考量（稍後再針對這二點詳細說明），就可以相當正確的預測未來的重要走勢。然而，必須要有耐心才能做到。

首先，設法對個股或類股都要熟悉，接著，假如能夠將所做的紀錄與時間要素正確地銜接在一起，你就會有能力掌握波段行情的時點。只要有能力正確地解讀自己所做的紀錄，定能自每一類股中挑出表現領漲的主流股。再強調一次，你必須親自做紀錄，親手寫下那些數字，莫讓他人代勞。這作法所帶來的功效將令你感到驚喜。那是你發掘出來的、那是你的祕密，而你也應當謹守祕密，不要隨便地分享出去。

書中我還會提到幾個投資人和投機客的「大忌」，其中最重要的就是不允許投機的冒險部位變成一般人口中的投資部位，成為一名股東。投資人之所以會蒙受鉅額損失，原因不外乎買進股票後緊抱不放，最終造成巨大損失。

你一定聽過這種話，「我不擔心股價的波動或追繳保證金。我從不投機炒作，我買股票是為了投資這間公司，就算股價一時下跌，終究會再漲回來的。」

然而，不幸的是，許多投資人當初認定的投資標的後來都遭逢劇變，使得這些「投資股」變成了「投機股」，有些股票甚至還下市，而投資人的錢當然是血本無歸。會發生這樣的事，完全是因為投資人沒有料想到，所謂的「投資股」也會在未來面臨新的形勢轉變而失去獲利能力，而投資人卻還視其為永久投資，等到他們認清情勢時，手中的股票價值早已大幅折損。因此，投資人應一如成功的投機客，在從事投資冒險時，對自己的資本保持高度警戒。喜歡自詡為「投資者」的人必須要能做到這一點，方能於日後避免被迫成為「投機客」的風險——信託基金的帳戶情況亦同，你得提高警覺避免手中的基金淨值貶值過鉅。

談到這大家應該記憶猶新，多年前，大家都認為投資紐約、紐哈文及哈特福德鐵路公司（New York, New Haven & Harford Railroad）要比存放銀行要來得安全。一九〇二年四月二十八日紐哈文的股價是每股二五五美元。一九〇六年十二月芝加哥、密爾瓦基與聖保羅鐵路（Chicago, Milwaukee & St.Paul）每股為一九九・六二美元。一九〇六年一月芝加哥西北鐵路（Chicago Northwestern）每股為二四〇美元。那一年二月，大北方鐵路（Great Northern Railway）一股為三四八美元。這些鐵路公司當時也都配發豐厚的股利。

如今，我們再看這些「投資標的」的狀況。一九四〇年一月二日，紐約、紐哈文及哈特福德鐵路的價格是每股〇・五美元；芝加哥西北鐵路則大約是每股〇・三一美元；大北方鐵路一股為二六・六二美元。一九四〇年一月二日，沒有芝加哥、密爾瓦基與聖保羅鐵路的報價，但在一九四〇年一月五日當天，它的報價是每股〇・二五美元。

我很輕易就可以列出上百家今非昔比的公司，這些公司在當年都是「鑲金」的投資股，如今它們卻一文不值。由此可見，投資好標的也非萬無一失，這些投資者都血本無歸，所謂保守型投資人的財富與心血也隨著這些股票付諸東流。

投機客也不免會在股海中淪為波臣。但是，我敢說投機炒作在股市中所虧掉的錢，與自詡為投資人而任令其投資隨波逐流所造成的龐大損失相比，不啻是小巫見大巫。

我認為，所謂的投資人才是不折不扣的賭徒。他們在決定好押哪一注後，就從一而終，一旦壓錯了，他們就賠到精光。投機客當然也有可能同時買進同樣標的，但是機警的投機客只要夠聰明而且又有做好紀錄，危險信號會警告他情況不妙，而他也會立即做出處置，將損失控制在最小的範圍內，繼續等待下一個進場的好時機出現。

股市開始下滑時，沒有人會知道它要跌多深。同樣地，當股市走多頭時，也沒有人會知道漲勢到哪裡是盡頭。有幾個概念你必須牢記，其一為，絕不可以用股價看來過高作為賣出的理由。你可能看著股價由十美元攀升到五〇美元，因此而認定它股價過高，事實上，此時要研判的是，有沒有什麼因素會在該公司獲利情況良好且管理完善的情況下阻止該公司股價由五〇元繼續攀升到一五〇美元？許多人在漲勢走了一大段後，冒然認定「股價過高」而放空股票，因此損失不少財富。

反之，也不要因為一支股票自高點大幅下滑而買進，因為股票下跌可能事出有因，說不定此時股價仍舊嚴重高估，儘管與過去相比眼前的股價看起來相對便宜。所以，要試著忘掉過去那些高股價區間，掌握時機與價格，好好研究這一檔股票是否還值得介入。

當我從紀錄上看出漲勢在醞釀中，我會選擇在這支股票經歷一段正常回檔後創下波段新高價時搶進。當我選擇放空時，作法亦同。許多人對我的作法感到訝異，為什麼我會這麼操作呢？因為我順勢而為，紀錄告訴我，要我採取行動。

我絕不會在股票回檔時買進，也絕不在彈升時放空。

另外，假使你的第一筆交易已經賠錢，再做第二筆交易就是有勇無謀的行為。絕對不要攤平，切記！切記！

本章重點操盤心法

- **保持消息靈通**：投資或投機要成功，首先要對某一檔股票的下一個重大發展心中有數。
- **注意投入時機**：貿然投入行情尚未發動的股票，是無法在走勢真正啟動時躬逢其盛的。
- **勇於停損**：有時承擔第一筆的小損失，就能避免事態擴大。虧損總是沒完沒了，留得青山在，或許在不久的將來，當你又有好標的時，才有機會扳回一城。
- **逢低買進要三思**：試著忘掉過去那些高股價區間，而要掌握時機與價格，好好的研究這一檔股票是否還值得介入。
- **絕對不要攤平**：假使你的第一筆交易已經賠錢，再做第二筆交易就是有勇無謀的行為。

第二章

股票走勢分析與預測

成功的交易者必須仰賴自身觀察、經驗、記憶力與數學能力，永遠記得自己的觀察結果。只有預測走勢能為你帶來收益，而非意外。

股票跟人一樣，也有自己的個性和特性。有的股票很敏感、神經質且走勢飄忽，有些則直接了當、直爽、有邏輯性。從事這行的人必須明瞭並尊重個股的特性，在不同的情況下，他們會出現各種不同但可以預測的走勢。

市場不會靜止不動。或許有時會顯得行情沉悶，但不會停留在單一的價格上，至少會小幅的上下跳動。當股票出現明確走勢的時候，會自動且具一貫性的循著一定的路線走下去。

在走勢起始之初，你會看到成交量大增，並且連續幾天股價有緩步推升的現象。接下來，會出現一個我稱為「正常拉回」的走勢。這個拉回出現時，成交量必須比前幾天上漲時的大幅縮減。既然這樣的拉回稱為正常，就表示你不需要害怕，但若此時出現不正常的走勢，就要小心了。

一、二天內，走勢若重新開始，量也會開始擴增，假如走勢是來真的，短時間內便可自那個正常的回檔中恢復，彈升後將進入新高境界。該股應當能持續好幾天的強勁走勢，期間僅會出現幅度輕微的的當日回檔，不過它早晚會來到另一個需要正常拉回的價位，當這個拉回出現時，它必須與第一次的拉回情況相同，因為這是股票有明確走勢時所會出現的自然現象。超越前波高點到下一個高點出現的第一波段走勢，幅度不會太大，但經驗會告訴你，它日後往上衝的速度將會非常快。

舉例來說，若某支股票價位在五〇美元，第一階段的走勢出現，股價會緩步推升到五四元，一到二天的正常回檔將股價拉回到五二・五元左右，第三天，它又重新往上走，在下一個正常拉回出現前，可能來到五九元或六〇元。在這樣的股價水準出現正常回檔，拉回的幅度通常不是只有一點或一．五點，往往是一次三點之類的。幾天後，當這支股票再度往上走時，成交量不會像開始時那麼大了，股票會變得比較難買到手，這種情況下，它再往上衝高的速度會比以前更快，輕易超越前一個高點（六〇美元），沒有遭遇正常拉回而來到六八或七〇美元。這時出現的正常回檔，幅度就有可能會比先前嚴重，它可能一下子就跌到六五元，但這種仍屬正常。不過，要是回檔幅度高達五點左右，那麼它必須在幾天裡就再度走強，這樣股價才能續創新高。這裡，時間的要素出現了。

別死抱股票直到它變味走調，獲取可觀利潤後，你必須要保持耐心，但是也不能讓耐心演變成一種漠視危險訊號的心態。

股價重拾往上的走勢，一天就上漲了六到七點，隔天也許再漲八到十點——並且交易熱絡，然而，就在這天的最後一小時出現不尋常的現象

（所謂不尋常的拉回是指一天內自同一天所創下的最高價拉回六點或更多），下跌了多達七到八點。隔天早上，它再跌一點，然後又開始走強，收盤時十分強勢，但隔天卻由於某種原因，股價無法再度向上攀升。

這就是一個明顯的危險訊號。股價的走勢只有正常回檔與不正常的回檔而已。當一檔股票突然有前所未見的不正常拉回，並發生一些會影響股市的不尋常事故時，就是市場發出的危險訊號，千萬不能忽視。

在股票攀升的過程中，如果你都能夠有耐心的持股，這時更需要有勇氣和敏銳的直覺發現危險訊號，斷然賣出、離場觀望。

但這並不表示危險訊號都是全然正確的，一如前面說過，沒有任何一項預測股價變動的方法可以百分之百正確的，但是，若你能持續的觀察與注意，長期累積下來的收穫必然十分豐碩。

有一位具有天賦的投機者告訴我他的想法，是相當貼切的街頭智慧語錄，讓我一直牢記不忘：

當我見到危險訊號出現，絕不多說，先出去再說！幾天後，假使一切如常，我隨時可以再進場。這樣可以讓我省去許多煩憂和少虧很多錢。我是這麼想的，這就好比我走在鐵道上，看到有一列特快車以時速近一百公里的速度朝我衝過來，我不會蠢到不跳離鐵軌讓火車先過的。等它過去後，只要我願意，我隨時都可以再回到鐵道上。

明智的投機者都會對危險訊號保持警覺。奇怪的是，多數投機者所遇到的問題在於——當應該鼓起勇氣斷然出場時，心裡卻存有某種莫名的東西，使得他們遲疑，在遲疑的當下眼睜睜的看著損失擴大。於是他們會說，「下次回升時，我就出場！」然而，下次漲勢又起，他們好像忘了先前的盤算，因為在他們眼中，市場當下的表現很不錯。誰知道這次的彈升只是曇花一現，很快地就結束，並且一股腦的往下探底，此時他們已經因為遲疑而深陷其中，如果他們能夠持續的利用某種方法，這個方法就會告訴他們該怎麼做，不但能省下一大筆錢，還能夠消除他們的憂慮。

我再強調一次，無論是投資人或投機者，最大的敵人都是**人性**，每一個人所具備的人性面就是我們的頭號敵人。為何股票不會在大漲回檔的初期就立即彈升？當然，股票回檔到一定的程度後就會出現反彈，但憑什麼希望反彈會在你所期望的時間點出現呢？其實是毫無機會的，縱使有，猶豫不決的投資者還是無法從中獲利。

對於有意將投機當成一番正經事業的人，我希望能慎重的將以下數點再重覆一次：滿懷希望的想法必須加以驅逐，打消每週甚至每天都能投機成功的想法，一年的操作時間裡，可能僅有四到五次能盡如人意，其他時候，你必須靜待市場為其下一個重大走勢做準備。

假如你能正確拿捏到價格變動的時機，第一筆交易會在一開始就出現利潤。從這個時候開始，你只要保持警覺就夠了，密切注意危險訊號是否出現，在該退開的時候出場，將紙上的利潤換成真正的錢財。

記得一點：當你什麼也不做的時候，那些每天都要殺進殺出的投機客正在為你的下一趟冒險之旅打基礎。你將從他們的錯誤中歡呼收割。

投機一點都不好玩，多數的投機者都窮於應付券商，要不就成天都有接不完的電話，每天營業時間結束後還要與股友聚會談論市場的種種，行情告示板成日盤據心頭。他們對那一點點的上下起伏是如此熱衷，以致錯失了大波段行情。亙古不變的是，當大波段行情大搖大擺的往前行時，絕大多數人總是站在錯誤的那一方。老想自每天的價格波動中賺取利潤的投機者，永遠無法從下一個重要的市場變動中獲利。

要克服這樣的弱點，只有忠實的作股價走勢圖，研究你所作的紀錄以了解這些價格變動是如何發生的，並且將時間因素審慎的列入考慮。

多年前，我聽說加州山裡住著一個傳奇的投機客，他每天只能收到三天以前的報價單。每一年，他會打二到三次電話給他位於舊金山的經紀人，下單買賣股票。我有一位朋友經常耗在經紀人的辦公室裡，對此人深感好奇，當他了解到此人與市場設施完全隔離、鮮少下山，偶爾出手卻又下手極重時感到嘖嘖稱奇。終於有一天，他與這個山中人物碰面，我的朋友問他，身處山林，如何掌握股市脈動？他這樣回答：

> 我將投機視為事業。如果我因為一些瑣事讓自己分心去注意一些枝微末節的變化，我必然會失敗。我喜歡離得遠一點，讓自己能夠思考。我將發生過的變動記錄下來，讓我對市場現況有十分清楚的看法。真

正的走勢並不會在發動的當天就結束，真正走勢會持續一段時間。因為住在山上，讓我有充分時間可以觀察這些走勢的發展。我會看報做價格紀錄，如果有一天，我發現我所記錄的價格與一段時期內的走勢有明顯差異時，這時我會打定主意立刻進城忙碌一陣。

這是多年以前的事了，這個住在山上的人，有相當長的一段時間，不斷的從股市裡賺走大把大把的錢。他的故事也給了我一些啟發，我比以前更加努力，試著將時間因素與其他我所搜集到的資料結合起來，如今它們已經可以幫助我預測未來的變動。

本章重點操盤心法

- **注意回檔**：爆量之後，正常拉回的成交量會大幅縮減。
- **不正常的回檔是危險訊號**：股價走勢只有正常回檔與不正常的回檔而已，後者是市場發出的警訊，千萬不能忽視。
- **保持警覺，隨時準備停利出場**：別死抱一支股票直到變味走調，在獲取可觀利潤之後，你要保持耐心，但不能因此漠視危險訊號。當危險訊號出現，先出去再說！
- **找尋明確走勢**：市場不會靜止不動，行情會不斷上下跳動，而當股票出現明確走勢時，會自動且具一貫性的循著一定的路線走下去。
- **注意大波段，而不是小波動**：亙古不變的是，當大波段行情大搖大擺的往前行時，大多數人總是站在錯誤的一方。想在每日價格波動中賺錢的那些投機者，永遠無法從下一個重要的市場變動中獲利。

▼ **人性，是交易者的最大敵人：**無論是投資或投機，交易者最大的敵人就是人性，也是他們忽略警訊、異常樂觀或悲觀的始作俑者。

第三章

找出主流股

專心研究當日行情最突出的股票。假如你無法從熱門股中賺到錢，那也別想從整個股票市場中賺錢。

股市裡永遠存在誘惑，人只要有一陣子特別順手，就會很容易失去戒心，或變得野心勃勃。這時就需要有相當充分的常識與清晰的思路才能保有勝利的果實。如果你不過分樂觀又有顆清楚的頭腦，謹守可靠的交易原則，就能逃過財富的劫數。

大家都知道價格總是上上下下、不停跳動。過去如此，未來也是如此。依我之見，在那些重大價格變化後面，總有一股難以抗拒的力量，所有人都要了解這一點。對價格變動的任何原因都不肯放過、過於好奇是不好的，太過好奇會讓你被雞毛蒜皮的事情所牽絆。你只要搞清楚，市場的變化已經發生，眼下的變化要如何因應，順著風向揚帆就能乘風破浪。不必多做爭辯，更別想試著與之抗衡。

還有一點要謹記的是，不要想一網打盡。我的意思是不要在同一時間內持有太多種股票。少數幾檔股票會比一大堆股票要容易照顧。多年前，我自己就曾為此付出代價，損失大把鈔票。

我曾經犯的另一個錯誤是，縱容自己對整體股市不是完全開多就是完全看空，因為某些特定類股中的單一個股就是會出現與一般市場趨勢背道而馳的狀況。在決定出手前，我本該更耐心地等待時機，等到其他類股中某支股票也顯示出下跌或者上漲已經終了的信號。時候一到，其他股票也都會清晰地發出同樣的信號。這才是我應耐心等待的線索。

但是，我沒有這樣做，而是迫不及待，想要在市場大顯身手，汲汲營營的結果就是大敗而歸。急於出手的浮躁心蒙蔽了常識和判斷力。當然，我在第一個和第二類股的操作中是賺錢的。但是，在買進訊號尚未出現就出手另一類股反而將先前的獲利吐出不少。

回想一九二〇年代末期幾次牛氣沖天，我很清楚地看出銅礦類股的上漲行情已經進入尾聲。不久之後，汽車類股也達到了頂峰。由於這二個類股的多頭已盡，我便妄下（錯誤）結論，以為現在可以安心地出脫所有股票，結果預設立場造成的財產損失讓我刻骨銘心。

當銅礦股和汽車股票幫我賺進大把大把的鈔票時，緊接著的半年裡，我卻為了找出公用事業類股的頭部而損失了更多的金錢。最後，公用事業類股和其它類股也的確做頭而下，當安納康達（Anaconda）公司的股價從最高點下滑五〇點的時候，汽車類股的跌幅也大致相當。

我要告訴你的是，當你看清某一類股的走勢時，就操作那個類股。但是，不能拿這一套去操作其它類股，除非你也在其他類股看到同樣的訊號。要有耐心、要耐得住等候，遲早，你也會在其它類股中看到與第一個類股同樣的訊號。但要注意，不能以偏概全。

集中注意力研究當日行情最突出的股票。因為假如你無法從熱門股中賺到錢，那也別想從整個股票市場中賺錢。

一如女人的服裝、帽子與珠寶潮流永遠在變一樣，股市中的主流類股也是不斷的變化。多年前美國的主流類股是鐵路股、菸草股；然後是菸草與鋼鐵類股，再來又變成汽車類股。如今，只有四種類股左右著股市行情：鋼鐵、汽車、飛機製造，以及郵購類股。當這些類股沒有行情時，整個股市就不會有行情。物換星移，新的主流股會出現，舊的主流會消逝。只要股市存在一天，這樣的景況就會持續下去。

同時操作多檔股票絕對不安全。你容易混亂和迷惑，試著選擇少數幾個類股做比較性的分析，你會發現這麼做會比剖析整體市場要來得容易許多。假如你能自四個主流類股中挑出兩檔股票並針對其走勢做出正確的分析，其他股票的表現如何就不勞你費心了，因為自古以來就是要「追隨主流」。但是，也不要忘了保持變動的彈性，因為今日的主流股可能在兩年後就光環盡失。

現在我針對四個不同類股分別記錄著，但這並不表示我在這四類股票都有買賣，而是在心理盤算著。

當第一次對長期觀察的價格變動感興趣，我決定要來測試一下自己的預測能力。我在隨身攜帶的小本子中記下虛擬的交易紀錄。過些日子，我出手成交了第一筆真實的交易。這次的交易經驗難以忘懷，我和一位朋友合買了五股的芝加哥、伯靈頓和昆西（Chicago、Burlington & Quincy）鐵路公司，我個人每股的獲利為三．一二美元，從此以後，我便成為一名孤獨的投機者。

以目前的情況看來，我不相信一個一向交易量大的舊式投機客能有多大的成功機會。我所謂的舊式投機客指的是那些市場龐大且流動性高，投機者每天五千或一萬股的部位進出股市卻又不會對股價產生大波動的年代。

在那個年代，如果第一筆交易做對了，投機者可以很放心的一路加碼，一旦發現判斷有誤，投機客也可以安然脫身，不會造成嚴重損失。然而，現在的情況已經不同，假如第一筆交易的判斷錯誤，投機者必定要蒙受相當的損失方能脫困，因為市場的比較基準要比以前更窄了。

但另一方面，一如我前面說過，對於有耐心、有判斷力而能靜待出手時機的投機者，如今則有更多的機會可以從中賺到財富，因為現在的股市比較沒有人為炒作的空間。在以前，人為炒作可說是司空見慣，所有的科學性預測都是徒勞。

因此，擺在眼前的事實是，有智慧的投機者絕對不會想要把過去想當然爾的方法用在今日的股票操作。聰明的投機者會研究一定數量的類股，以及類股中的領導股，學會三思而後行，市場已經邁入新的紀元，在這個新投資紀元裡，有理性、努力用功、有能力的投資人和投機者都有更安全的機會得以走上致富之路。

本章重點操盤心法

- **注意大風向**：一定有某種原因使價格劇變，但別因為太過好奇而縮小眼界。你只要知道變化已經發生，想辦法因應當下的變化，讓自己順風、揚帆然後乘風破浪。
- **手上有越多檔股票，風險會越大**：別想一網打盡，同時操作多檔股票容易迷失方向，絕對不安全。分析比較幾個少數類股，會比剖析整體市場容易許多。
- **只進入你熟悉的市場**：如果看清某一類股的走勢，那就操作那個類股。但請注意，這一套不見得能讓你操作其他類股，除非其他類股也發出同樣的訊號。
- **觀察主流類股**：研究行情最突出的股票，假如你無法從熱門股中賺到錢，那就別想從整個股市裡賺錢。新的主流股會出現，舊的會消逝，周而復始。

第四章

好好感受你手中的錢

投機者應當把這一點當成行為準則：每一次獲利了結時，都要取出一半的利潤，放進保險箱裡積蓄起來……唯一遺憾的是，我沒有在自己的職業生涯中始終貫徹這一原則。

處理閒錢時，萬不可假手他人，一定要親力親為。不論金額大小，無論是上百萬的大錢，或只是幾千塊錢，都一樣。這是你的錢。只有看緊它，它才不會跑掉。讓錢不見的方式有很多，錯誤的投機則是常見的方式之一。

不合格的投機者所犯下的錯誤，可謂林林總總。我曾經提出的一項警告是不要攤平，對虧損的部位萬不可在低價位再次買進、企圖攤低平均成本。然而，攤平卻是最常見的錯誤。許多人買進股票後，假定買入價為五〇元，二、三天之後，如果價格來到四七元，他們會再買一筆，把持股的成本價攤低到四八．五元。你已經在五〇買進一張（股票），並且承擔每張損失三元的壓力，那麼，何苦再買一張，若當價格跌到四四元時，壓力豈不是變本加厲？屆時，第一筆交易虧損六百元，第二筆又虧損三百元。

如果你執意要用這不盡理想的方法來攤低成本，就應該堅持到底，市場跌到四四，再買進二百股；到四一，再買進四百股；到三八，再買個八百股；到三五，再買進一千六百股；到三二，則買進三千二百股；到二九時，就買進六千四百股，以此類推。問題是，有幾個人能夠承受這樣的壓力？如果這是個可靠的方法，那當然不應輕言放棄，問題是，這種異常行情，正是投機者應當警覺的，以免大禍臨頭。

因此，儘管嘮叨，我還是要不厭其煩地強調：不要採取向下攤平成本的做法。

從經紀商那裡，我學到一種最斷然的作法——追繳保證金。當收到追繳保證金的通知，應立即斷頭殺出，千萬不要再補足保證金。形勢比人強，你做錯方向了，既然錯了，為什麼還要把白花花的銀子扔出去？留得青山在，把這些錢留在身邊，改天拿到其他更有勝算的地方，不要耗在顯然已經失敗的買賣上。

成功的商人會透過各式各樣的客戶來擴展生意，但是，肯定不會把所有的生意都壓在單一的客戶上。客戶的數量越多，風險就越分散。因此，投機者每次涉險所投入的金額應有所節制。現金之於投機者正如貨架上的商品之於商人，是具有重要意義的。

投機者的通病就是妄想一夜致富，他們不願花二到三年的時間讓財富增加五〇〇%，而是希望在二到三個月內就能美夢成真。偶爾，他們會成功。然而，這類膽大的投機者最終有沒有保住勝利果實呢？

沒有。為什麼？

因為這些錢一點都不健康，所以來得快去得快，財富只在他們手中停留片刻。這樣的投機者很容易忘了自己是誰。他會說：「如果我能夠用兩個月賺個五倍，未來兩個月可難以想像，我要發大財了。」

這樣的投機者永遠貪得無厭。他們會一股腦的重壓，投入自己的每一分錢，直到失手為止——某個劇烈變化、難以預料的、毀滅性的事件。最後就是收到券商的追繳保證金通知，然而金額過大無法負擔，於是，這個賭徒的冒險之旅終成南柯一夢。或許他還可以向券商爭取一點兒時間，或者命不該絕，他還存有一筆錢可以想辦法另起爐灶。

一般人開店做生意，大概不會指望頭一年就從這筆投資中獲利二五％以上。但是對進入投機領域的人來說，二五％根本微不足道。他們心理想的是一〇〇％的報酬率。這樣的算計是不切實際的；這些人沒有把投機看作一項生意，並按照商業原理原則來經營。

另外還有一點值得一提。投機者應當將下面所說的這點看成一項行為準則：每當把一筆成功的交易平倉獲利了結的時候，總是取出一半的利潤，儲存到保險箱裡積蓄起來。投機者唯一能確保從華爾街賺到的錢，就是當投機者結算一筆成功的交易後從帳戶裡提出來的錢。

這讓我想起某一天我在棕櫚灘度假的往事。當我離開紐約時，手裡還持有相當大一筆賣空部位。幾天之後，當我抵達棕櫚灘，市場出現了一波劇烈的跌破走勢。這是將「紙上富貴」兌現為真正金錢的機會——而我也立即執行了。

收市後，我發給電報員一條短訊，通知紐約的交易所立即將一百萬美元存入我的銀行帳戶。這位電報員驚訝莫名，在發出這條短訊後，他問我，能否讓他收藏那份電報。我問他為什麼。他說，他已經當了二十年的電報員，這是他經手拍發的第一份客戶要求經紀商為自己在銀行存款的電報。他表示：「經紀商發出的電報成千上萬，大多是要客戶們追加保證金。但還沒有見過像你這樣的內容，所以我打算把這電報拿給孩子們見識、見識。」

一般投資人要從證券期貨帳戶中提取錢出來使用非常稀少，除非這投資人是空手，或是有多餘的資金在帳戶中。當市場走勢不利於投資人時，投資人不會提取資金，因為他需要這些資本充當保證金。當投資人成功的結算一筆交易後，他也不會抽走資金，因為他心裡想的是：「下一次獲利要翻倍。」

因此，絕大多數投機者都很少摸到錢。對他們來說，這些錢從來不是真實的，不是看得見摸得著的。多年來，我已經養成習慣，在結算一筆成功的交易之後，都要提取部分現金。慣常的做法是，每一筆提取二十萬或三十萬美元。這是相當好的一個作法、具有心理上的價值。你也試試看吧，把它變成你的策略。把你的錢親自數一遍。我點過，當手中有花花綠綠的鈔票時，你可以真實感受到錢的存在。

放在券商帳戶裡的錢或者放在銀行帳戶裡的錢，和你手中的錢是不一樣的，握在手裡的錢可以讓人感受到意義，產生一種佔有感，會因此減輕投資人做出任性、衝動的投機決策，而任性的投機決策往往導致獲利流失。因此，別忘了在作買賣前，三不五時地看一看花花綠綠的鈔票。

普通投機者在這些方面存在太多的散漫、紕漏的毛病。

當一個投機者有足夠好的運氣將原來的資本金翻倍後，他應該立即把利潤的一半提出來，放在一旁作為儲備金。這項策略在很多場合對我都大有裨益。我唯一的遺憾是，沒有在自己的職業生涯中始終貫徹這一原則。如果我能堅定不移，這個策略應該可以在許多地方幫助我走得更平順的。

我這輩子還沒有在華爾街以外的地方賺過一毛錢，卻在華爾街以外的地方賠掉我從華爾街賺來的數百萬美元，因為我將錢拿去投資新創事業了，參與了佛羅里達房地產榮景、油井鑽探、航太事業，以及一些新發明的產品化與行銷，但這些錢都有去無回。

這些遠在天邊的新創事業中，有一個案子讓我特別心動，為此還跟朋友調了五萬美元，並娓娓道出我的看法，他也很專注的聆聽，不過，等我說完卻對我說：「李佛摩，你本業以外的投資事業永遠都不會成功的。如果你需要這五萬美元做投機買賣，只要你開口，我一定借你，但請你一定要用在投機買賣，別跟人家做生意了。」第二天，很訝異地，我就收到了一張五萬美元的支票，不過，我已經不再需要了。

我想強調的是，投機就是一門生意，而每個人都該如此看待它。切莫因一時興奮、某些人的阿諛奉承、諂媚而被沖昏頭。要記住，有時候營業員不經意的就成為讓投機者賠錢的原因，因為他們靠抽傭維生，客戶不做交易就無法抽成，因此，交易愈多，就抽愈多，投機客要買賣，營業員不僅樂意配合，甚至還鼓勵客戶多多益善、超額交易（over-trading）。不明就裡的人還把營業員當成朋友，因此很容易掉進超額交易的陷阱。

假如投機者腦筋清楚，對於自己什麼時候可以超額交易，那或許還說得過去。因為他還知道自己何時有能力或該超額交易。不過一旦養成這個惡習，通常都積習難改、容易失控。一旦喪失成功投機者必須有的靈敏平衡感，也就此與成功絕緣。問題是，他們完全想不到自己會有犯錯的一天。等到那一天來臨，所有輕鬆賺來的錢也瞬間化為烏有，於是，又一個投機者破產。

除非你對自己的財務安全有絕對的把握，否則不應該貿然從事任何買賣操作。

本章重點操盤心法

- **絕對不要向下攤平**：形勢比人強，既然做錯方向，為什麼不把錢放到其他更有勝算的地方？這是交易者最容易犯的錯誤。
- **不想被洗出去，就做好資金管理**：貪得無厭的投機者會重押每一分錢，直到失手為止，最後被毀滅性的事件擊垮，命絕於此。
- **把獲利的一半放進保險箱**：數一遍你手上的現金，因為放在券商帳戶裡的錢，跟握在你手上的錢有不同意義。這一項行為準則可以防止交易者變得任性、衝動。
- **別掉入「超額交易」的陷阱**：這種惡習一旦養成就很難修正，使交易者喪失靈敏的平衡感，從此與成功絕緣。

第五章

掌握「關鍵點」

掌握關鍵點是最重要的成功因素。股價經過一段蓄勢期，到關鍵時機趨勢已成，這時正是最佳買入時機。

只要能耐心等待市場到達我所說的「關鍵點」後才出手，我最後都能賺到錢。

為什麼？

因為在這種情況下，我選擇的正是標記著行情啟動的心理時機。我永遠用不著為虧損而焦慮不安，理由很簡單，我恰好在投資準則發出信號時果斷行動，並根據準則發出的信號逐步積累資本。之後，我唯一要做的就是靜觀其變，任由市場自動展開行情演變的過程，我知道，只需如此，市場就會在合適的時機發出訊號，讓我獲利了結。只要有耐心和勇氣等待這樣的訊號，我就能按部就班，毫無例外。就我個人的經驗，如果沒有在行情啟動後就出手，就不容易從這輪行情中獲得太大的利益。其中的原因很可能是，如果沒有及時出手，就會喪失一大段獲利機會，而在後來行情演變過程中，被洗出場。直到行情結束前，市場必定會不時出現或大或小的各種震盪，無論是回檔或拉升。

一如市場會在適當時機向你發出正向的進場訊號一樣，同樣地，市場也會向你發出反向的出場訊號——只要你耐心等待。「羅馬不是一天建成的」，沒有哪個市場重大變化會在一天或一週內形成。它需要一定的時間才能逐步完成發生、發展、終結的整個過程。在一輪行情中，大部分市場變化發生在整個過程的最後四十八小時內，這是最重要的持有部位的時間，也就是說，在這段時間內一定要持有部位、位於場內。這一點很重要。

舉例來說，假如一檔股票已經在下降趨勢中盤旋了相當長時間，而後來到了四〇的低價。隨後，在市場一陣快速的回升行情中，幾天內便上漲到四五。接下來幾週，股價始終在這個區間來回。接著，這檔股票又開始了一段上漲行情，來到四九・五的價位。隨後市場又沉寂了，連續幾天股價無甚表現。然後，這檔股票的股價又動了起來，先是下跌了三到四個點，然後繼續下滑，直到來到接近其關鍵價位四〇為止。此時此刻，就需要特別小心地觀察，因為如果市場持續走低，就應當會下跌到比關鍵價位四〇低三到四點的位置，這樣就是確立下降趨勢，然後才能觀察是否形成另一輪的回升行情。如果這股價沒有向下跌破四〇，這就是一個轉折訊號，一旦市場從當前向下回升的低點開始上沖三點，就應該立即買進。如果市場雖然向下跌破了四〇的價位，但是跌下去的幅度沒有達到三點左右，那麼一旦市場上漲至四三點，也應該著手買進。

如果出現了上述二種情形中的任何一種，也就確立了趨勢的轉變。市場若顯示轉強，價格就會持續攀升，直到另一個關鍵點四九・五以上，甚至要比這個關鍵價位高出三點或更多。

在描述股市多空的時候，我不愛使用「牛」和「熊」兩個詞，因為我覺得，一旦在市場行情方面聽到「牛市」或「熊市」的說法，許多人會認為市場將在未來一段時間裡一直按照「牛市」或「熊市」方式運行一段時間。

但這種涇渭分明的狀況並不常發生——約莫每四到五年出現一次——還好，即使行情混沌不明的時候，仍有許多時候市場會出現相對較短但輪廓分明的趨勢。因此，我寧願使用「上升趨勢」和「下降趨勢」這兩個詞，它們充分地表達了市場在一定時間內即將發生的情形。更進一步地說，如果你認為市場即將步入上升趨勢因而出手買進，幾個星期之後，經過再次研究得出結論，市場將轉向下降趨勢，你會發現，相較於「牛市」

或「熊市」的觀點，你會比較容易接受趨勢反轉的事實，思路轉變也容易得多了。

我的操作方式是結合「時間、資金控管及情緒管理」的李佛摩價格記錄法，這是我個人經過三〇餘年不斷研究交易原理的成果，可以為我預測未來重要市場走勢的一項基本指南。

我初次做紀錄之後，尚不覺得對我有多少助益。數週後，有了新的想法與作法，我又認真的做起紀錄，不過我發現結果要比第一次的紀錄進步，雖然還沒有達到自己企求的效果。於是我繼續不斷把新冒出的點子運用到不同的紀錄上。

漸漸地，我又從這些紀錄中生出前所未有的點子，逐步落實到新的紀錄中臻於完善，最後，我將時間因素併入價格的變動中，紀錄就會對我說話了！

紀錄的效果就此不同，能夠幫我確切找出關鍵點進而在市場中獲利，從今爾後，我不時調整推算方式，時至今日，在我的設定方式下這些紀錄也能對你說話。

當一位投機客能確定某一檔股票的關鍵點，並且判定轉折時，就能強化投資的信念，從出手的那一刻起就能不斷的有正向回饋。

幾年前開始，我就開始利用最簡單型態的關鍵點交易在股海中翻騰，我發現當一檔股票的價格來到五十、一百、兩百，甚至三百美元時，幾乎都會一鼓作氣再突破關鍵點，漲勢既快又猛。

我第一次運用關鍵點技巧的股票是老字號的安納康達（Anaconda），當它成交價來到一百美元時，我立刻下單買進四千股，幾分鐘後就漲到一〇五美元，而當天收盤時，已經漲了十美元。隔天這檔股票依舊漲勢凌厲，期間雖有七到八元的修正，但很快就來到一五〇美元的價位。而一百美元的關鍵點則從來沒有失守。

從此，只要有關鍵點出現，我鮮少坐視不理。當安納康達來到二百美元時，我故技重施賺它一筆，等股價三百美元時，我又想如法炮製，但這次它沒有有效的跨越關鍵點，股價只來到三〇二．七五，顯然發出了危險信號，我因此賣出八千股。其中五千股賣在三百美元，一千五百股以二九九美元賣掉，這六千五百股在短短兩分鐘內就成交，接著耗費二十五分鐘處理剩下的一千五百股，以一百股和二百股為單位分批賣出，價格二九八．七五。這也是當天的收盤價格，當時我認為，假如股票跌破三百美元，股價將會迅速下探，第二天的情形就更刺激了，安納康達在倫敦的股票價格開盤後就一路下滑，紐約的開盤價格則是挫更低，幾天後安納康達的價格就來到二二五美元。

利用關鍵點來判讀市場走勢時，要謹記：股票過了關鍵點之後的走勢若不如預期，就該視為警訊密切注意。若以安納康達為例，股價在突破三百之後的走勢，相較於一百或二百美元時的情況不相同。之前兩次突破關鍵點後的漲升幅度有十到十五點之大，但這次不像以往突破後那般不易買到，甚至供應量大增，感覺是有人在倒貨，使得漲勢無以為繼。因此這檔股票在三百元以上的表現，明顯地警示我們繼續持有這檔股票是危險的。

還有一次是我等了三個禮拜才出手買進伯利恆鋼鐵，那是一九一五年四月七日，伯利恆鋼鐵創下新高價，八七·七五美元，由於突破關鍵點後買氣甚旺，我認為伯利恆鋼鐵股價可以來到一百美元，四月八日就下單買進，一路加碼買到九九美元，當天股價就飆到一一七美元，期間幾乎沒有任何疲軟現象，強勁走勢持續到四月十三日股價高點已經來到一五五美元，不過短短五天，這個例子再次說明，耐心等候並善用關鍵點必能獲得豐厚報酬。

我在二百、三百美元的關鍵點，甚至是高得讓人難以想像的四百美元時都重施故技，但我終究沒能賺到伯利恆鋼鐵整個漲勢，因為我擔心熊市的降臨，空頭時來到關鍵點將一路下滑。我學到一件重要的事，密切注意股票過了關鍵點的後續發展。我發現要反手出脫手中持股賣出部位的好時機，就是價格過了關鍵點之後，將會變得明顯欠缺力道。

順帶一提的是，每次只要我失去耐心，還未等到關鍵點出現就介入以謀求利益的結果，幾乎都落得賠錢收場。

過去一段時間，創新高價股票的後勢出現了數種不同的走法。我剛介紹的機會也不常出現了。不過，我們仍舊有辦法可以找出並確認關鍵點。例如，一檔最近二、三年上市的股票，最高價格為二〇，或其它任何數字，而且是二、三年前所創下的，假如這時公司有利多的消息並反應在股價上，那麼在股價突破高價時買進並持有並不會有問題。

此外，一檔以往成交價格在五〇、六〇或七〇美元的股票，股價大跌二〇美元左右，並且再高低點之間盤了一、二年。如果這時股價跌破了先前的低點，表示這股票還會有新低、還要跌一陣子。為什麼？這表示公司一定是出亂子了，要小心。

藉著記錄股價，並將「時間要素」列入考量，你就會有辦法發現許多可以買進享受起漲的關鍵點。但這需要相當的耐心，要耗費時間記錄並研究，不能假手他人，憑著自己的研究發現關鍵點所指的價位，你將會發現關鍵點的研究會帶來令人難以置信的成果，它會是個人研究的里程碑。

根據自己研究心得所致的成功交易，所帶來的喜悅和成就感是無與倫比的。而運用這種方法所獲得的利潤，遠比聽信明牌或所謂高人指點更令人雀躍。若能夠自己下研究功夫、獨立自主作交易、秉持著高度耐心，留意危險訊號，定能發展出一套正確的思路。

在本書最末，詳述了如何利用李佛摩價格記錄法找出關鍵點。總有人會聽信明牌或他人推薦的股票而賺到錢，也有人終日汲汲營營打探消息，卻不知該買還是該賣。

某次晚宴中，有一位女士一直纏著我，希望我報點明牌給她。我一時拗不過，就向她透露了可以買進塞羅德帕斯科（Cerro de Pasco）因為這檔股票當天剛過了關鍵點。隔天一早，這檔股票就大漲了十五點，接下來的一週時間，僅出現了幾次微不足道的回檔。後來，這檔股票的走勢顯示了危險訊號，我立即請老婆打電話通知她賣出持股，最讓人驚訝的是，她聽了明牌後根本沒有買進，因為她要先試探，看我的消息準不準確——好一個求明牌的市場百態。

原物料商品市場則不時會出現誘人的關鍵點。可可的交易是在紐約可可交易所進行，多年來此宗商品並沒有出現太多吸引人投機的誘因。不過，對於以投機為職志的人來說，我隨時都會盯著市場動態以免錯失任何機會。

一九三四年，十二月的可可的高價六．二三出現在二月份選擇權，低價一．二八則出現在十月份的選擇權。一九三五年的高價五．七四出現在二月，低價四．五四美元則出現在六月。一九三六年三月低價來到五．一三美元。但到了八月，可可市場因為某種原因變得截然不同，展開一波大行情，八月可可售價來到六．八八美元，這價格比過去二年間的紀錄都來得高，並且也高於它前面的兩個關鍵點。

九月時，售價創下七．五一紀錄，十月，價格來到八．七，十一月一〇．八，十二月一一．一。一九三七年一月更攀升到新高價一二．八六，寫下五個月內上漲六百點的新紀錄，期間僅有幾次小幅的回檔。可可的走勢，向來是年復一年平淡無奇，這回的上漲顯然有好理由，原來是可可的供應嚴重不足，緊盯著關鍵點的人必然可以在可可市場上找到漂亮的介入點。

如果你將價格詳實記錄下來，並觀察價格變動的型態，這些價格就會開始對你傾吐，突然間你會發現正在拼湊中的圖像竟然變得如此具體。要釐清前景與未來需要持續不懈的做功課，你必須要一再檢視自己所做的紀錄，並且查看上一次在類似情況下發生的重要走勢變化。藉由耐心的分析與經驗累積，就可得到一個良好的看法、做出正確的判斷。股價型態會一再提醒你，每一個重要走勢都不過是再次重覆以往類似的價格變動罷了，只要能熟悉過去的走勢，就能掌握未來、採取正確的行動，並且自未來的走勢中擷取豐盛的報酬。

不過，我要強調一下，即使我用來得心應手，價格記錄法也絕非完美。我確信透過這些紀錄可以判讀未來走勢，而且任何人只要有心做好紀錄、親力親為，這樣的操作方式沒有不賺錢的道理。

甚至若有人效法我做紀錄的方式而從股市中賺得比我多，我也完全不會感到訝異。這個說法之所以會成立，是因為這些時日我已經應驗了這個操作獲利方法，後進的效法者要改善或精進會容易許多。同時，我還要說明一下，我之所以沒有再深入探究更多要點，乃是因為過去這段時間以來，這個方法已經能完全滿足我的需求。而其他人可以從我的研究基礎上再加以發展，讓這個方法更具價值。如果有人真的發揚光大，也大可放心我絕對不會嫉妒的。

本章重點操盤心法

- **在「關鍵點」大膽出手**：耐心等待行情啟動的訊號。如果沒有及時出手，就沒辦法在這一輪行情中獲利太多，而且還可能在演變過程中被洗出場。
- **注意一輪行情的最後四十八小時**：大部分市場變化都發生在這段期間，你必須在這段時間內持有部位。
- **研究短期趨勢**：許多交易者的思維需要轉變──明顯的大趨勢其實不常發生，但在行情混沌不明的市場中，依然會出現很多較短卻有利可圖的明顯趨勢。
- **養成回測習慣**：熟悉過去走勢，就能掌握未來、正確行動，贏得未來走勢中的豐厚報酬。

第六章 與百萬美元擦身而過

假如你不想與最迷人的交易機會失之交臂，就必須靜待時機成熟再出手。而就算犯錯，也要從中學習，將錯誤本身反轉成你的資本。

前幾章講的是一般交易原則。接著，我還要說明把時間和價格兩個變數摻進來的具體操作方式。

對照我的操作方式來說，多數投資人的買進或賣出都太過衝動，幾乎是一次就把所有的部位都壓在同樣的價格上，而不是拉開戰線。這種做法是錯誤而危險的。

假如投資人想買進某一檔股票五百股。第一筆先買進一百股。然後，如果市場上漲了，再買進第二筆一百股，依此類推。後續買進的每一筆必然要比之前所買進的價格更高。

同樣的原則也適用於看空的時候。除非是在比前一筆更低的價位賣出，否則絕對不要再賣出下一筆。就我所知，如果遵循這一準則，會比採取任何其他方法都能更加接近市場正確的一邊。原因就在於，依照這樣的方式，所有的交易自始至終都是獲利的。你的部位可持盈保泰，這就是投資人操作方向正確的有力證明。

根據我的交易方式，首先需要估算這檔股票其未來行情。然後，判斷要在什麼樣的價格買進，這是重要的一步。根據該檔股票的價格紀錄，仔細琢磨過去幾星期的價格帶。一旦選定的股票標的來到目標價，應當儘快出手，這就是建立你灘頭堡的時刻。根據這樣的方式操作，即使遇到一、二次的判斷錯誤而有所損失，但這樣的作法卻不容易錯失買點，確認進場與出場的時機，只要市場來到關鍵時點，就勇敢再次買進，如此一旦走勢確立，你也已經建立持股，也就是說，不可能錯失賺錢機會。

無論如何，判斷選擇出手的時機是絕對必要的，操之過急的代價是高昂的。

我自己就有一次刻骨銘心的經驗。我曾經因為心浮氣躁、未能把握時機，結果和一百萬美元失之交臂。每每想到這件事都還感到臉面無光。

幾年前，我對棉花強烈地看好，且胸有成竹，認為棉花即將出現一波大多頭。但是，就像多數時候的場景，啟動過早，我在市場行情尚未啟動便一頭栽進去棉花市場。

我一出手就是二萬包（bale），這筆交易還因此將原本沉寂的市場推升了十五點。不過，就在我最後的一百包買單成交後，市場便開始滑落，不到二十四小時，價格就來到我當時買進時的價位。接著幾天都停滯在這個價位上。最後，我耐不住性子，反手全部賣出，包括手續費在內，損失了大約三萬美元，想當然，我最後的一百包是賣在當時的最低點。

幾天之後，棉花市場再度引起我的興趣，認為這市場即將迎來大多頭的行情的想法揮之不去，於是，我又買進二萬包，歷史重演，由於我敲進大筆買單使得行情立即彈升，買盤過後，價格又滑落到起漲點。等待讓人不耐，因此我又起了賣出的念頭，同樣的，最後一盤又殺在最低點。

隨後的六個禮拜，我就這樣重複來回的操作了五次之多，然後每次來回損失都在二萬五千至三萬美元。連我自己都懷疑自己起來，這樣浪擲了近二十萬美元之後，竟然沒有嚐到任何甜頭，我因此要求經紀人在我第二天進辦公室前將行情資訊關閉，免得我禁不住誘惑又去觀察棉花市場價格。這經驗著實讓人沮喪，但沮喪也於事無補，因為身處投機市場，最重要的是頭腦要清醒。

接著，出人意表地，就在我關掉棉花行情資訊、對棉花市場完全失去興趣的兩天之後，市場開始上漲，而且是一路攀升幾乎沒有回頭，直至漲幅達到五百點。在這波非比尋常的上漲行情中，中途僅僅出現過小幅震盪，幅度不過四〇點。

就這樣，我與自己做過最棒、最迷人的交易機會失之交臂。其中原因有二：

一、時機不對，未能耐心地等待價格行情啟動的心理時刻，等時機成熟後才出手。雖然我知道棉花的價格要來到每磅一二．五美分，才說明它真正進入狀態，才會一路走升，但我就是缺乏自制力、耐不住性子，想著一定要在棉花市場到達買入點之前搶先一步、再多掙一點，因此搶在市場時機成熟之前就出手了。結果，我不僅損失了大約二十萬美元，還平白錯過了一百萬美元的獲利機會。若按照原本的計畫，我預計在市場突破關鍵點之後陸續買進十萬個單位，這個想法我已經在心裡盤算許多次，如果能依計畫行事，就不會錯失這波二百點左右的大行情了。

二、由於未能依計行事、進退失據而喪失理智，進而對棉花市場產生厭惡與反感，情緒失控是無法達成穩健投資的目的的。我的損失完全是由於缺乏耐心所造成的，未能耐心地等待時機來臨以致於空有計畫卻無法順利執行。

犯了錯誤不要找藉口。很久以前，我就學到教訓，所有的投資人都應當學會這一課。坦白承認錯誤，盡可能從中汲取教訓，知錯能改善莫大焉。市場會讓投機者知道什麼時候是錯誤的，因為那時錢包一定正在失血。一旦體認到自己是錯的，就是停損出場的時候。認清虧損的事實然後保持平靜，研究行情並確實記錄以確定出錯的原因，然後再等待下一個波段行情的到來。這個時候，最重要的是總結這段期間的結果與教訓。

交易者甚至可以在遭到市場修理之前，就能先知先覺地感覺到自己是錯誤的，這種近似潛意識的能力，其實是投機者心理根據市場過去的表現所得到的啟發，有時候更像投資交易時的斥候，稍後會進一步說明。

一九二〇年代末期的大多頭市場我曾經持有大量的各式股票，且持有相當長的時間。這些股票在我持有的期間，偶爾都會出現自然的回檔，但我卻不曾感到不安。

不過，從某個時機點開始，收盤後，我會惶惶不安，夜裡甚至難以入眠。好像有什麼東西潛入我的意識裡，喚醒我重新審視市場狀況。隔天早上，這種不安幾乎讓我不敢看新聞，總是擔心有不祥的事情要發生。但可能根本沒有發生任何事情、安穩地度過一天，我心裡的忐忑顯然是杞人憂天，當天市場可能還是開高，市場狀況也依然完好，市場甚至還走強、創一波的高點。這種情況下換作其他人，可能會對自己前一晚的輾轉難眠啞然失笑，但我絕不會因此掉以輕心。

第二天的狀況很可能截然不同，因為即使市場上並沒有什麼災難性消息，但市場經過一段時間單向走勢若突然的反轉，絕對會讓我措手不及並陷入兵荒馬亂的境地，因為我必須快速的將手中的大筆部位變現。到那時，我一定會懊惱沒有提早處置手中部位，若能早一天出手，情況就會截然不同。

我相信許多操盤手都有類似的經驗，當市場上的一切看來是美好而充滿希望時，內心卻惴惴不安閃著警訊，這種感知能力唯有長期研究與涉獵市場的人能夠擁有。

事實上，我對這種心理感應也有所懷疑，也會嘗試訴諸科學方法來驗證。不過，事實證明，許多時候我都因為多留意自己內心所發出的不安，最後順風順水、獲益不淺。

這種古怪的側面操作訊息，十分耐人尋味，因為似乎只有對市場走勢較敏感的人，以及會利用科學方法來判讀行情的人，才能對隱藏在前的危機有感。至於絕大多數人對多空的憑斷，靠的多是馬路消息或報章的評論。

要知道有成千上萬人在市場上從事投機炒作，卻只有極少數的人會投注所有心力在這個事業上，絕大多數人都是抱著進場碰碰運氣的心態，卻因此付出高額的代價。即使是聰明人如商業、專業人士或退休族，也只是把投機視為副業，並沒有投注太多精力。如果不是偶爾從營業員或市場聽到一些內幕消息，他們根本就不會進出股市。

我們常因聽信某個企業內部的重要圈內人士所報的消息，而起心動念買進股票。舉一個假設的情境做為例子：

你在一場午宴或晚宴上遇到一位在大企業上班的朋友，一開始你們聊了點生意的狀況，接著你問他對「大震盪」這家公司的看法。他透露說公司發展得不錯、漸入佳境，展望未來可以說是一片光明。沒錯，現在這公司的股票確實很吸引人。朋友也真心誠意的說：「確實是個很棒的買進標的。我們公司的獲利狀況很好，事實上，比起過去幾年可以說是好太多了。你一定還記得上回景氣好時，我們的股價是多少吧？」

聽完這席話，你大概二話不說立即買進這家公司股票。而該公司所公布的業績也確實顯示逐季走升，也宣布將額外配發股利，股價也隨著好消息漲了好幾波，你也因為股價飛漲而樂不可支。然而，過一段時間之後，公司的業績卻開始大幅滑落，你也不知道箇中原因，只知道股價直直落，於是急忙聯繫朋友。

然後他會告訴你，「沒錯，股票是跌很兇，但那應該只是暫時的，因為業績是有點下滑，因而遭到空頭襲擊，賣壓主要來自放空。」甚至他還會說些無關緊要的話，但就是對真正的原因避重就輕。因為他和他的同事肯定都還滿手公司股票，並且從確知公司業務量嚴重衰退的那一刻起，就迅速到交易市場倒貨。他若全盤托出，豈不是邀請你或你們的朋友一起加入賣方的行列，所有持股人都想自保的話，就會引爆賣壓出爐。

所以，你這產業界的友人可以告訴你該買進，卻不能也不會告訴你該賣出的時候。要不然豈不是背棄了他自己的同事。

我建議大家隨身攜帶著一本冊子，將你所聽到的市場傳聞記錄下來、靈光乍現的點子記錄下來、值得玩味的想法記錄下來、價格走勢的個人看法記錄下來。然後在這小冊子的第一頁寫下，如果可以最好是印上：

「小心內線消息，所有的內線消息。」

我要再三強調的是，不論是投機或投資，唯有努力才會成功。錢不會自動送上門來。有一個流浪漢妄想吃霸王餐的故事很貼切：一個流浪漢實在餓得受不了，最後大膽走進餐館，說道：「來一客美味、厚實多汁的大牛排。」他甚至還跟黑人侍者補充：「跟老闆說，要烤得酥脆點！」

沒多久侍者就回來低聲告訴他：「咱老闆說，如果有那樣的牛排，他寧可自己享用！」

沒錯，就算別人身旁堆了白花花的銀子，也不會平白無故跑進你的口袋裡。

本章重點操盤心法

- **按計畫逐步增加部位**：無論做多、做空都不該一次將資本押在同一價格上，這是錯誤且危險至極的。
- **錯了就停損出場**：保持平靜，研究行情並記錄原因，歸納出結果與教訓，等待下一波行情到來。
- **在關鍵點盡快出手**：你可以根據紀錄找到目標價，當標的來到買點，就必須態度果斷，這樣一來，你可以在走勢確立前建立持股。
- **小心內線消息，所有的內線消息**：市場上只有少數人對走勢敏感，且會利用科學方法來判讀行情，藉此避開隱藏在前的危機。而絕大多數交易者對多空的憑斷都只是二手消息。

第七章

獲利三百萬美元！

獲利機會是可以自己掌握的。耐心等待行情演變，把握市場的關鍵心理時刻出手，你會發現獲利來自少數的幾次關鍵操作。

上一章，我分享了自己因為缺乏耐心而錯過了一次獲利機會，如果當時抓住那次機會，應該會收穫頗豐。現在，我想分享一個自己成功的案例，這一回我耐心等待事態演變，直到關鍵的心理時刻到來。

一九二四年夏天，小麥行情已經來到我所說的關鍵點，因此我出手買進，第一筆交易買進五百萬英斗。當時，由於小麥市場規模龐大，因此即使這種買盤規模也不會讓市場價格波動太明顯。換言之，若是股票市場，這個買盤猶如對某檔股票買進五萬股的單量。

但就在我大筆買進後，市場進入盤整狀態，並沉寂了好幾天，而波動始終沒有跌破關鍵點。後來，市場的價格開始上升，並且越過前一波高點，高出幾美分的價格。之後，則從這個高點滑落，出現了一個自然的回檔，接著幾天市場再度進入盤整狀態，最後，才又開始另一段上漲行情。

後來市場向上突破另一個關鍵點，我又出手買進第二筆五百萬英斗。這筆買單的平均成交價比關鍵點高出一．五美分，對我來說，這顯示市場已進入多頭走勢。何以見得？因為買進第二筆五百萬英斗的過程要比第一筆困難。

第二天，市場並沒有像第一筆買賣那樣，在我買進後回檔，而是直接上漲了三美分，一如我的預期，這才是市場應有的表現。隨後，小麥市場真正進入牛市。所謂牛市，我指的是市場將要開始一段走升的行情且應當會持續好幾個月的時間。不過，我還是沒有全然掌握這波大行情。後來，當我有了每英斗二五美分的利潤之後，就全部平倉、獲利出場。然後，眼睜睜的看著市場在幾天之內又上漲至少二〇美分。

這時我才懊悔不已，何必要擔心失去那些我從來沒有真正擁有過的東西呢？太急著落袋為安，以至於沒有堅持到底的勇氣與耐心。即使我明明很清楚，一旦時機成熟、市場到達某個關鍵點之後，就會向我發出危險信號，並為我留下充裕的退場時間。

於是，我又再次買進，重新買進的平均價位大約比第一次賣出的價位整整高了二五美分。不過，這時的我只有勇氣投入一半資金，也就是相當於我在第一次賣出數量的一半。然後，我就一直持有這個部位，直到市場發出危險信號才罷手。

一九二五年一月二十八日，五月小麥合約的成交價達到了每英斗二・〇五美元的高價位。二月十一日，價格滑落至一・七七美元。就在小麥市場上演多頭行情的同時，還有另一種商品——裸麥，它的上漲行情甚至比小麥行情還要壯觀。不過，相對於小麥市場，裸麥市場規模小，因此一筆不算大的買單就會導致價格快速上升。

在前述的買賣過程中，我在市場中往往投入鉅額的資金，其他市場人士也是一樣。市場傳言，有一位操作者曾經手握數百萬英斗小麥期貨合約，同時還囤積了成千萬英斗的小麥現貨，不僅如此，為了哄抬、支撐他在小麥市場的行情，他還囤積了巨額的裸麥現貨。據說，此人有時還利用裸麥市場來牽動小麥市場，當小麥市場開始波動的時候，他會在裸麥市場下單買進，藉此支撐小麥行情。

前面說過，由於裸麥市場成交量與籌碼相對較小，只要有一筆大額買單，立即就能引爆行情，而且不可避免地影響到小麥市場，效果可說十分顯著、屢試不爽，只要有人利用這種作法，大眾就會一窩蜂地買進小麥，結果將小麥的成交價推上高點。

這個過程可以持續不斷地推進，直到連動的市場運作結束。當小麥市場價格向下修正，裸麥市場也會跟著下滑，從其一九二五年一月二十八日的最高點一·八二美元，下跌到一·五四美元，跌幅達二八美分，與此同時小麥的回落幅度也是二八美分。五月二日，五月小麥勁揚至前波高點只差三美分的價位，價位來到二·〇二美元，但是裸麥並沒有像小麥那樣從下跌中強勁回升，而只回升到一·七〇美元，這價位比其前波高點低十二美分。

這段時間我一直密切觀察這兩個市場，小麥與裸麥的走勢竟然大相逕庭令我感覺大勢不妙，因為在整個多頭期間，裸麥走勢總是領先小麥一步。現在，它不但沒有在穀類原物料行情中領漲，還反倒落後。小麥已經從疲軟的下跌行情中逐漸恢復，而裸麥市場價格卻沒有回升，每英斗大約掉了十二美分。這個情況完全不同於往常。

於是我立即展開研究，想要找出裸麥沒有和小麥價格一樣等比向上回升的原因，結果也不難發現，大眾對小麥市場較感興趣，但是對裸麥就顯得興趣缺缺。如果裸麥市場行情完全是一人所為，那麼為什麼轉眼之間，他又置之不理了呢？我認為，要麼他不再對裸麥有任何興趣，已經出貨離場，要麼就是他在兩個市場都被軋空，所以沒有餘力再作加碼了。

我因此推論，不管他是否還在裸麥場中都沒有差別了，從市場角度看，兩種可能性最終都會導致同樣的結果，因此我立即動手檢驗自己的推論。

裸麥市場的最新買價是一．六九美元，為查明裸麥市場的真實狀況，所以我以「市價」放空二十萬英斗的裸麥。在我下單前，小麥市場的報價是二．〇二美元。下單後，裸麥每英斗下跌了三美分，在下完單後二分鐘，又重新回到一．六八美元。

藉由執行上述的空單來檢驗市場，我發現該市場沒有太多的買賣單。

但這還不足以論定盤勢，因此，我又下了一筆二十萬英斗的裸麥賣單，結果與第一次大同小異——賣單出手時，市場下跌了三美分，但是當賣單完成後，這次市場僅僅回升了一美分，而沒有達到先前二美分的幅度。

由於自己對當時的市場狀況與分析還是心存疑慮，於是下了第三筆空單，再賣出二十萬英斗的裸麥。起初還是一樣——市場隨著空單再次下跌，但不同的是，賣單過後卻沒有回升，由於跌勢已成因而繼續下滑。

這正是我在觀察和等待的訊號，我認為，如果某人在小麥市場上持有相當的部位，卻由於種種原因沒有保護裸麥市場（至於原因到底是什麼我並不在乎），那麼他同樣不會或者不能支撐小麥市場。於是，我對五月小麥市場發出「市價」賣單，倒出五百萬英斗。小麥價格應聲倒地從二・〇一美元滑落到一・九九美元。那個晚上，小麥收在一・九七美元附近，裸麥收一・六五美元。我心情很好，因為最後賣出的部位成交價格已經低於二美元，而二美元屬於關鍵點，市場已經向下突破了這個關鍵點，我對自己的部位信心滿滿，認為十拿九穩。

幾天過後，我買回了自己的裸麥部位。當初賣出只是試驗性的操作，目的是確保小麥市場的戰果，結果這些部位帶來了二十五萬美元的利潤。

與此同時，我繼續發出小麥的賣單，累計賣空部位達到了一千五百萬英斗。三月十六日，五月小麥收盤價來到一．六四美元；第二天一早，利物浦市場的行情比美國還低三美分，相當於一．六一美元的價格，這表示美國開盤價將是一．六一美元附近。

當時，我做了一件違背自己經驗法則的事，也就是沒有等到開盤就發出交易價格。然而，情緒高漲、理智斷線，我在開盤前就發出一．六一美元買進五百萬英斗，這個價格比前一天的收盤價低三美分。開盤後，小麥的成交價格區間在一．六一美元到一．五四美元。我不禁咕噥道，「明知故犯，活該落到這樣的下場。」這一次還是人性本能壓倒了直覺判斷。我以為，我的單將會買在一．六一美元的價格，也就是當天開盤的最高點買進。

就這樣，當我看到一．五四美元的價格時，又發出一個買單，買進五百萬英斗，並立即收到成交回報，「買進五月小麥五百萬英斗，成交價一．五三美元。」

隨後我又下了五百萬英斗的買單。不到一分鐘，就送來成交報告「買進五百萬英斗，成交價一．五三美元」，我自然以為我的第三筆買進指令的成交價是一．五三美元。最後，我拿到第一筆交易的成交報告，以下就是券商交給我的成交報告：

「第一筆五百萬英斗的買進成交回報。」

「第二筆五百萬英斗的買進成交回報。」

「以下是第三筆的成交報告內容：

三百五十萬英斗，成交價一．五三美元成交。

一百萬英斗，一．五三二美元成交。

五十萬英斗，一．五三二五美元成交。」

當天的最低價是一．五一美元，第二天小麥就回到一．六四美元。這是我第一次收到限價買賣成交回報，按我所發出的一．六一美元的價格買進五百萬英斗——市場開盤為一．六一，並於一．六一至一．五四美元的區間波動，最低點比我的買進價格低七美分，這表示有三十五萬美元的價差空間。

不久之後，我回到芝加哥便問了當天為我下單的營業員，何以第一筆的買單的成交價這麼漂亮。他回答說，當天市場有人拋出大單，要「市價」賣出三千五百萬英斗，如果真的如此，無論當天市場開盤價格有多低，都會有一大堆小麥要以更低的價格拋售，所以他會等到開盤價格出來，然後才掛出我的賣單。

這位營業員還強調，若非如此，當天的開盤價格將會更低。而這次交易的獲利超過三百萬美元。

這個例子顯示放空在投機市場中的意義，這群放空者不但變成了有買進意願的人，而且還是市場充滿恐懼時的一股穩定力量。

時至今日想要如此操作已不太可能，商品交易的主管機關限制個人只能在穀物市場持有二百萬英斗。而儘管股市對個人並沒有類似的限制，按照當今的規定，任何人也不能大規模的放空。

我也因此認為老操盤手的黃金時代已經不再，他們的位置將由準投資人取代，即使他們短時間從市場中大撈一票的能力不及老操盤手，但卻有能力在一定的時間之內獲利並保有成果。我深信未來成功的準投資人會把握市場的關鍵心理時刻出手，並且在幾次關鍵操作中，獲利將勝過那些在市場上殺進殺出的老操盤手。

本章重點操盤心法

- **注意相關的市場**：隨時做好比較紀錄，並在執行中驗證、找出相同的訊號，發掘不同市場中的關鍵點。
- **讓獲利奔跑**：有時交易者會喪失堅持的勇氣，急於落袋為安，以至於太早套現而懊悔不已。假如你的研究透徹，那麼危險訊號會在到達某個關鍵點之後出現，留給你充裕的退場時間。
- **放空的「異」義**：在充滿恐懼的市場上，放空者不但變成了一群想買進的人，更是一股穩定市場的力量。

第二部分

李佛摩價格記錄法

第八章

記錄價格，預測走勢

為了找到轉折點，我自始至終不曾偏離過這個原則……

這些年來，我花了許多時間在投機事業，我領悟到，股票市場沒有新鮮事，儘管股價上上下下每天不同，但那只是個股的價格變化，型態卻是相同的。

前面曾說過，我覺得有必要做價格記錄，因為我相信可以用來預測價格變化與走勢。我自己對此可以說是樂此不疲，拼命想要從中預測未來價格的走勢與變化，但這一點都不輕鬆。

現在回頭檢視過去的作法，也就不難理解為什麼沒能開花結果了。當時，我滿腦子都是投機操作，所謂的策略，不過是整天在市場裡殺進殺出，即便是再小的價格變化也希望掌握到。但這樣的想法大錯特錯，所幸我即時醒悟。

我持續做股票行情紀錄，堅信這動作蘊含真正價值，只待自己去發掘。終於，祕密揭曉，行情紀錄明白地告訴我，對於中、短期波動無甚助益，但只要用心看，就能判讀出長線的重要轉折與變化。

從此以後，我再也不會多耗心力在短線的價格變化。

經過持續、縝密的研究行情紀錄，我發現到，對於即將到來的大波段行情變化，最關鍵的因素其實是切入的時間，深深影響之後的決策。於是，我潛心研究市場這方面的特性，並試圖從中找出能夠辨識造成這些波動的成因。我終於了解到，即使市場處於明顯趨勢，其中也會包含許多小規模的震盪，過去這些震盪會困擾我，但是，現在對我而言已經不是什麼問題了。

為了找出造成行情回檔與彈升的因素，我開始檢視價格波動的幅度。

起初，我計算的基本單位是一個點，但結果並不理想，後來用二個點，並且以此類推，直到找出我心中認為可能是構成一段回檔或者反彈的起始點。

為求簡單明瞭，我特別設計了一個表單，上有不同的欄位，按我的想法設計成我所謂的未來走勢預測圖，每檔股票佔六個欄位，依照價格變化分別填入不同欄位，每個欄位都有其名稱：

■ 第一欄：次級反彈（Secondary rally）
■ 第二欄：自然彈升（Natural rally）
■ 第三欄：上升趨勢（Upward trend）
■ 第四欄：下降趨勢（Downward trend）
■ 第五欄：自然回檔（Natural reaction）

■第六欄：次級回檔（Secondary reaction）

當價格填在上升趨勢的欄位裡，用的是黑色筆。然後在左邊的兩欄裡，則用鉛筆填寫。填在下降趨勢欄位的話，就用紅筆，在其右側的兩欄，也都用鉛筆填寫。

如此一來，不論價格記錄是在上升趨勢欄，還是記錄在下降趨勢欄，都能夠在腦中留下鮮明的印象，只要持之以恆記錄下去，不論是紅字還是黑字，都一五一十的透露真相。

如果是用鉛筆記錄的行情，我就會意識到，現在所看到的只不過是區間的震盪。（後面我將展示我的記錄，請注意，書上用淺藍色印刷的數字就是我在自己的表格上用鉛筆記錄的數字。）

我認為，當一檔股票價格達到三〇美元或更高的情況下，市場價格從端點開始回升或滑落了大約六點的幅度之後，才能稱得上是一段反彈或是回檔的醞釀過程。而這樣的反彈或者回檔尚不足以斷定市場趨勢的變化，只是表示市場正經歷一個價格震盪的過程，不論現在是反彈還是回檔，趨勢依舊沒有改變。

藉此也說明一下，我並不會把單一個股票的變化看成類股趨勢變化的指標。如要確認某個類股的趨勢是否改變，我會利用該類股中的兩檔股票的變化作為觀察指標。也就是說，將兩檔股票的價格變化結合起來，就可以得出我所謂的「關鍵價格」，因為單一個股有時價格變化幅度之大，足以讓我記錄到上升或下降的趨勢欄位，也就是說，只看單一個股會落入假訊號的危險，結合兩檔股票的變化來判斷趨勢比較可靠。因此，趨勢轉變與否須用關鍵價格作依據。

舉例說明找出關鍵價格的方法。這個方法以六點的價格變化為依據，從我後面所列舉的紀錄中讀者會發現，有時候美國鋼鐵（U.S. Steel）的變化僅有五點，與此同時，伯利恆鋼鐵（Bethlehem Steel）的價格變化有七點，在這種情況下，合計兩檔股票的價格變化就是關鍵價格，因為總計有十二點或更大的幅度變化，達到我所謂的判斷指標。

當價格震盪達到記錄幅度——也就是說兩檔股票平均都達六點時——從此之後，我會在同一欄位記錄每天的最高或最低價格，換言之，在上升趨勢的情況下，只要最新價格高於前一個紀錄便記錄下來；在下降趨勢的情況下，只要最新價格低於前一個紀錄便記錄下來。記錄價位的動作一直持續下去，直到反轉。不過，這裡所謂的反轉，價位的變化幅度也需平均為六點以上，或是兩檔股價的關鍵價格達到十二點以上的價位變化。

讀者會發現我自始至終不曾偏離過這個點數原則並嚴格執行毫無例外，倘若結果並不如預期也絕不找藉口。因為價格記錄的作法可是經由每日交易價格所歸納得出的。我只能說，經過多年的觀察與檢視，我自認藉由記錄所得出的結論，已經可以讓我們更有效地掌握關鍵價格的演變。

有人曾說過，成功與否決定於做決策的那一刻。

當然，想用這個方法獲得成功，關鍵在於你是否有勇氣行動，並且在你的紀錄告訴你該行動時正確地執行。你沒有任何猶豫的機會，你必須鍛鍊好心志。如果你還要等到別人向你解釋和保證才行動，行動的大好時機肯定早已從你的手中流失。

舉例說明，所有股票都因歐洲宣戰而下跌，接著四大類股中，除了鋼鐵類股，陸續都從下跌走勢中反彈回升並寫下新高。任何用我的方法做記錄的人，這時都不難發現鋼鐵類股的走勢有些蹊蹺，鋼鐵類股為何不同於其它類股走勢，一定有鬼。即使我當時也不清楚理由何在，然而鋼鐵類股的價格記錄已經清楚顯示，這個類股的上升趨勢已經結束。

四個月後真相大白，英國政府揭露當時拋售美國鋼鐵超過十萬股，加拿大政府出售二萬股，而消息發布時，美國鋼鐵已經自一九三九年九月的高點滑落二六點，伯利恆則跌了二九點。同一時期，其它類股則僅從高點下滑二．五至一二．七五的幅度。這件事也足以說明為買進或賣出股票找到「好理由」是多蠢的行為，因為當理由浮現時，早已錯失最好的買賣時機。不論是投資人還是投機客，你所需要關注的只有市場的表現，一旦市場的表現不如預期或不對勁，就應當見風轉舵、改變自己的看法。記住，股票的表現總有特定原因，還有，經過一段時日後，當你得知股價波動的原因時，才想要採取行動、賺一筆通常都為時已晚。

我要再強調一次，這個方法並不是讓你在波段的大行情變化前，可以短線來回多衝殺個幾次，主要的目的還是在發現大行情變化的轉折，及早為我們指出起轉折變化的開始或是行情的結束。就此層面來說，只要能確實遵守，這個方法是極具價值的。這邊也再次重申，這個方法適合用於價格在三〇美元以上交易熱絡的股票，雖然說這樣的買賣原則適用於所有股票的走勢，但若應用於股價特別低的標的時，這個方法必須適度調整。

這操作方法並不複雜，相信感興趣的人可以立即上手。本書最末會列出我所做的價格紀錄，並對紀錄的數字作說明。

第九章

記錄規則說明

將十條規則融會貫通，掌握轉折先機，在場上無往不利。

規則1

上升趨勢欄位以黑色記錄。

規則2

下降趨勢欄位以紅色記錄。

規則3

其餘四個欄位以鉛筆記錄。

規則4

A、當股價從上升趨勢欄內最後那個數字發生第一次幅度約六點的拉回時，開始這麼做：將數字由填入上升趨勢轉為填入自然回檔欄，並用紅筆在上升趨勢欄內最後那個數字下面劃線。

B、當股價從回檔欄內最後那個數字發生第一次幅度約六點的彈升時，開始這麼做：將數字由填入自然回檔欄轉為填入彈升或上升趨勢欄，並用紅筆在自然回檔欄內最後那個數字下面劃線。

這時有兩個關鍵點可供觀察，並且依照市場回到這兩點之一時的價格記錄變化，你可以針對後勢是否有真正的行情要展開（或是要結束），歸納出你的個人看法。

C、當股價自下降趨勢欄內最後那個數字發生第一次幅度約六點的反彈時，開始這麼做：將數字由填入下降趨勢欄轉為填入自然彈升欄，並用黑筆在下降趨勢欄內最後那個數字下面劃線。

D、當股價從自然彈升欄內最後那個數字發生第一次幅度達六點的回檔時，開始這麼做：將數字由填入自然彈升欄轉為填入自然回檔或下降趨勢欄位，並用黑筆在自然彈升欄內最後那個數字下面劃線。

規則5

A、在自然彈升欄內填寫時，若出現了一個比此欄內最後一個數字（下方劃有黑線）高出三點的價位，這時你應將此價位用黑筆填入上升趨勢欄內。

B、在自然回檔欄內填寫時，若出現了一個比此欄內最後一個數字（下方劃有紅線）低過三點的價位，這時你應將此價位用紅筆填入下降趨勢欄內。

規則6

A、當你一直在上升趨勢欄位填寫時，若有一天出現了一個幅度約達六點的回檔時，應立即將數字填入自然回檔欄中，此後只要成交價格低於自然回檔欄中的最後一個數字，都必須持續逐日登錄。

B、當你一直在自然彈升欄位填寫時，若有一天出現了一個幅度約達六點的回檔時，此時應立即將那些價格填入自然回檔欄位中，此後只要成交的價格低於自然回檔欄中的最後一個數字，都必須逐日持續登錄。假如出現低於下降趨勢欄最後登錄數字之價位，應將數字填入下降趨勢欄中。

C、當你一直在下降趨勢欄位填寫時，若有一天出現了一個幅度約達六點的彈升時，此時應立即將那些價格填入自然彈升欄位中，此後只要成交價格高於自然彈升欄內的最後一個數字，都必須逐日持續登錄。

D、當你一直在自然回檔欄位填寫時，若有一天出現了一個幅度約達六點的彈升時，此時應立即將那些價格填入自然彈升欄位中，此後只要成交價格高於自然彈升欄內的最後一個數字，都必須逐日持續登錄。假如出現高於上升趨勢欄最後登錄數字的價位，你應該即刻將數字填寫填入上升趨勢欄內。

E、當開始在自然回檔欄位填寫數字之後，若有一天出現了一個比下降趨勢欄位內最後那個數字低的價位時，請用紅筆將該價格填入下降趨勢欄。

F、同樣地，當你一直在自然彈升欄位填寫時，有一天出現了一個比上升趨勢欄內最後那個數字高的價位時，這時應該將該價位以黑筆填入上升趨勢欄位中，而不是繼續填在自然彈升的欄位裡。

G、假如你一直在自然回檔內紀錄價位時出現了比自然回檔欄位最後一個數字高出六點的彈升，但此彈升價位又沒有高過自然彈升欄中最後的那個數字，你應當將此價位填入次級反彈欄位內，且持續在此欄位內登錄直到出現高過自然彈升欄內最後那個數字的價位。當這種情況發生時，就開始再度於自然彈升欄內填寫價位。

H、假如你一直在自然彈升內紀錄價位時出現了比自然彈升欄位最後一個數字低了六點的回檔，但此回檔價位又沒有低於自然回檔欄中最後的那個數字，你應當將此價位填入次級回檔欄位內，且持續在此欄位內登錄直到出現低於自然回檔欄內最後那個數字的價位。當這種情況發生時，就開始再度於自然回檔欄內填寫價位。

規則7

登錄關鍵價格時上述規則一樣適用，只不過應當以十二點為基準，而非單一個股時的六點。

規則8

當你開始在自然彈升或自然回檔欄位記錄價格，記錄在下降或上升趨勢欄位的最後一個價格記錄就會成為關鍵點。而當一段反彈或回檔結束後，你則要開始在反向的欄位記錄價格，這時前一個欄位的極端價格就會成為另一個關鍵點。

當這兩個關鍵點建立後，這些記錄的價值就浮現了，因為這時這些記錄就可以幫助你預判下一個重要的走勢。用紅筆或黑筆在關鍵點下方畫雙底線，以吸引你的注意。畫底線的目的就是讓這些關鍵點清楚顯示在你眼前，每一次當登錄的價格來到或接近它們時，你應當密切觀察，因為你的行動將取決於這個時刻之後的價格登錄情況。

規則9

A、當你看到下降趨勢欄內最後一個紅字下方畫了黑色底線，代表這可能是一個買進訊號，可以在這個價位附近買進。

B、當一個登錄於自然彈升欄位內的價格被劃上黑色底線，而且這檔股票的反彈價格能接近關鍵點的價位，此時此刻，就是你要判斷市場是否夠強足以讓股價轉換到上升趨勢位中。

C、反過來說也是一樣。當你看到上升趨勢欄中最後那個數字下方出現紅色底線時，以及自然回檔欄位的最後一個價格紀錄畫了紅色底線時，就是判斷是否轉換的時機。

規則10

A、總的來說，這套方法旨在讓人清楚看出一檔股票在第一次進入自然彈升或自然回檔出現後，股票是否以其應有的樣子展現，假如走勢一如預期展開，不論是走升或走跌，表示股價會突破前一個關鍵點，個股的話是突破三點的幅度，關鍵價格則是六點。

B、假如股票走勢未能恢復原有的趨勢，而回檔時出現比最後一個關鍵點（指上升趨勢欄內並畫有紅色底線的價格）低三點以上的價格，表示該股的上升趨勢已經結束。

C、同樣的規則運用到下降趨勢：每當自然彈升結束並開始在下降趨勢欄位記錄新價格後，這些價格必須下跌至上一個關鍵點（有黑色底線）以下，達到3點以上的跌幅，這時可以確定回到下降趨勢。

D、假如股票沒有出現所說的情形，而且價格還彈升到比上一個關鍵點（下降趨勢欄內那個有黑色底線的數字）高出三點以上，表示這支股票的下降趨勢已經結束。

E、在自然彈升欄位內做記錄時，假如反彈結束在與上升趨勢欄內最後那個關鍵點（下方畫有紅線的數字）相距不遠，並且還從該價位回檔三點以上，這就是危險訊號，表示該股的上升趨勢可能已經結束。

F、在自然回檔欄位內做記錄時，假如回檔結束在與下降趨勢欄內最後那個關鍵點（下方畫有黑線的數字）相距不遠，並且還從該價位反彈三點以上，這就是清楚的訊號，告訴你該股的下降趨勢已經結束。

第十章

實作圖例解說

唯一「全中文翻譯版」，大師手稿完整公開

※原稿所列的規則應用與內容有所出入，將更正於內文。

CHART ONE 表一 說明

- 四月二日開始將價格填入自然彈升欄位。參照規則6B（編按：應為6C）。
在下降趨勢欄位內最後一個價格記錄下方加黑色底線。參照規則4C。
- 四月二十八日，開始將價格登錄到自然回檔欄位，參照規則4D。

表 一

CHART ONE

	美國鋼鐵						伯利恆鋼鐵						關鍵價格					
	次級反彈	自然彈升	上升趨勢	下降趨勢	自然回檔	次級回檔	次級反彈	自然彈升	上升趨勢	下降趨勢	自然回檔	次級回檔	次級反彈	自然彈升	上升趨勢	下降趨勢	自然回檔	次級回檔
		65 3/4							57						122 3/4			
				48 1/2							43 1/4					91 3/4		
		62 1/8							65 7/8						128			
				48 1/4							50 1/8						98 3/8	
1938 年								56 7/8										
三月 23				47								50 1/4					97 1/4	
24																		
25				44 3/4						46 3/4						91 1/2		
(六) 26				44						46						90		
28				43 5/8												89 5/8		
29				39 5/8						43						82 5/8		
30				39						42 1/8						81 1/8		
31				38						40						78		
四月 1																		
(六) 2		43 1/2						46 3/8						89 7/8				
4																		
5																		
6																		
7																		
8																		
(六) 9		46 1/2						49 3/4						96 1/4				
11																		
12																		
13		47 1/4												97				
14		47 1/2												97 1/4				
(六) 16		49						52						101				
18																		
19																		
20																		
21																		
22																		
(六) 23																		
25																		
26																		
27																		
28					43													
29					42 3/8						45						87 3/8	
(六) 30																		
五月 2					41 1/2						44 1/4						85 3/4	
3																		
4																		

CHART TWO 表二 說明

- 所有記在最上方的價格抄錄自前一頁，如此可以清楚將關鍵點展示在眼前。
- 五月五日至五月二十一日這段期間，由於所有成交價都低於自然回檔欄位的最後一個價格，所以沒有登錄任何價格。期間也沒有出現足夠的反彈需要加以登錄。
- 五月二十七日，用紅筆紀錄伯利恆鋼鐵的價格，因為那個價格比紀錄在下降趨勢欄位的前一個價格更低。參照規則6C（編按：應為6E）。
- 六月二日，伯利恆鋼鐵的買點出現，價格四三美元。參照規則10C與10D。
- 同一日，美國鋼鐵的買點也浮現，價格四二又1／4美元，參照規則10F。
- 六月十日，伯利恆鋼鐵出現一個需記錄於次級反彈的價格。參照規則6E。
- 六月二十日，將美國鋼鐵價格記錄於次級反彈欄位內。參照規則6G。

表 二

CHART TWO

	次級反彈	自然彈升	上升趨勢	下降趨勢	自然回檔	次級回檔	次級反彈	自然彈升	上升趨勢	下降趨勢	自然回檔	次級回檔	次級反彈	自然彈升	上升趨勢	下降趨勢	自然回檔	次級回檔
				38						40						78		
		49						52						101				
1938					$41\frac{1}{2}$						$44\frac{1}{4}$						$85\frac{3}{4}$	
年		美國鋼鐵						伯利恆鋼鐵						關鍵價格				
五月 5																		
6																		
(六) 7																		
9																		
10																		
11																		
12																		
13																		
(六) 14																		
16																		
17																		
18																		
19																		
20																		
(六) 21																		
23											$44\frac{1}{8}$						$85\frac{5}{8}$	
24											$43\frac{1}{2}$						85	
25					$41\frac{3}{8}$						$42\frac{1}{2}$						$83\frac{7}{8}$	
26					$40\frac{1}{8}$						$40\frac{1}{2}$						$80\frac{5}{8}$	
27					$39\frac{7}{8}$					$39\frac{3}{4}$							$79\frac{5}{8}$	
(六) 28																		
31					$39\frac{1}{4}$												79	
六月 1																		
2																		
3																		
(六) 4																		
6																		
7																		
8																		
9																		
10							$46\frac{1}{2}$											
(六) 11																		
13																		
14																		
15																		
16																		

CHART THREE 表三 說明

‧六月二十四日，美國鋼鐵和伯利恆鋼鐵的價格都用黑筆紀錄在上升趨勢欄中，參照規則5A。

‧七月十一日，美國鋼鐵和伯利恆鋼鐵的價格都填在自然回檔欄位中，參照規則6A與4A。

‧七月十九日，美國鋼鐵和伯利恆鋼鐵的價格都用黑筆填在上升趨勢欄位中，因為股價都高於先前登錄於上升趨勢欄中最後的價格。參照規則說明4B。

表　三

CHART THREE

	次級反彈	自然彈升	上升趨勢	下降趨勢	自然回檔	次級回檔	次級反彈	自然彈升	上升趨勢	下降趨勢	自然回檔	次級回檔	次級反彈	自然彈升	上升趨勢	下降趨勢	自然回檔	次級回檔
				38						40						78		
		49						52						101				
					39 1/4					39 3/4							79	
1938							46 1/2											
年		美國鋼鐵						伯利恆鋼鐵							關鍵價格			
六月 17																		
(六) 18																		
20	45 3/8						48 1/4						93 5/8					
21	46 1/2						49 7/8						96 3/8					
22	48 1/2						50 7/8						99 3/8					
23		51 1/4						53 1/4						104 1/2				
24			53 3/4						55 1/8						108 7/8			
(六) 25			54 7/8						58 1/8						113			
27																		
28																		
29			56 7/8						60 1/8						117			
30			58 3/8						61 5/8						120			
七月 1			59												120 5/8			
(六) 2			60 7/8						62 1/2						123 3/8			
5																		
6																		
7			61 3/4												124 1/4			
8																		
(六) 9																		
11					55 5/8						56 3/4						112 3/8	
12					55 1/2												112 1/4	
13																		
14																		
15																		
(六) 16																		
18																		
19			62 3/8						63 1/8						125 1/2			
20																		
21																		
22																		
(六) 23																		
25			63 1/4												126 3/8			
26																		
27																		
28																		
29																		

CHART FOUR 表四 說明

- 八月十二日，將美國鋼鐵的價格填入次級回檔欄位，因為該價格沒有低於先前紀錄在自然回檔欄位中的最後那個價格。同一天，則將伯利恆鋼鐵的價格填入自然回檔欄位，因為該價格已低於先前紀錄在自然回檔欄位中的最後一個數字。
- 八月二十四日，美國鋼鐵和伯利恆鋼鐵的價格都填入自然彈升欄位內。參照規則6D。
- 八月二十九日，美國鋼鐵和伯利恆鋼鐵的價格都填入次級回檔欄位內。參照規則6H。

表　四

CHART FOUR

	次級反彈	自然彈升	上升趨勢	下降趨勢	自然回檔	次級回檔	次級反彈	自然彈升	上升趨勢	下降趨勢	自然回檔	次級回檔	次級反彈	自然彈升	上升趨勢	下降趨勢	自然回檔	次級回檔
			61 3/4						62 1/2						124 1/4			
					55 1/2						56 3/4						112 1/4	
			63 1/4						63 1/8						126 3/8			
1938																		
年			美國鋼鐵						伯利恆鋼鐵						關鍵價格			
七月 30(六)																		
八月 1																		
2																		
3																		
4																		
5																		
(六) 6																		
8																		
9																		
10																		
11																		
12						56 5/8					54 7/8						111 1/2	
(六) 13						56 1/2					54 5/8						111 1/8	
15																		
16																		
17																		
18																		
19																		
(六) 20																		
22																		
23																		
24		61 5/8						61 3/8						123				
25																		
26		61 7/8						61 1/2						123 3/8				
(六) 27																		
29						56 1/8						55					—	
30																		
31																		
九月 1																		
2																		
(六) 3																		
6																		
7																		
8																		
9																		
(六) 10																		

CHART FIVE 表五 說明

- 九月十四日，將美國鋼鐵的價格紀錄到下降趨勢欄位，參照規則5B。當天，伯利恆鋼鐵出現一個應當填入自然回檔欄位的價格，因為這個價格並未比本欄內前面那個紅色底線價位低3點或更低，因此只能將新價格填在自然回檔欄位中。
- 九月二十日，將美國鋼鐵和伯利恆鋼鐵的價格都填進自然彈升欄位。美國鋼鐵參照規則6C；伯利恆鋼鐵參照規則6D。
- 九月二十四日，用紅筆將美國鋼鐵價格填入下降趨勢欄位中，這是該欄位的新價格。
- 九月二十九日，將美國鋼鐵和伯利恆鋼鐵的價格都填進次級反彈欄位裡。參照規則6G。
- 十月五日，用黑筆將美國鋼鐵的價格填入上升趨勢欄位。參照規則5A。
- 十月八日，用黑筆將伯利恆鋼鐵的價格填入上升趨勢欄位。參照規則6D。

表　五

CHART FIVE

	次級反彈	自然彈升	上升趨勢	下降趨勢	自然回檔	次級回檔	次級反彈	自然彈升	上升趨勢	下降趨勢	自然回檔	次級回檔	次級反彈	自然彈升	上升趨勢	下降趨勢	自然回檔	次級回檔
			63¼						63⅛						126⅝			
					55½						54⅜						111⅛	
								61½						123⅜				
		61⅞																
1938						56⅛						55						
年	美國鋼鐵						伯利恆鋼鐵						關鍵價格					
九月 12																		
13					54¼						53⅝						107⅞	
14				52							52½					104½		
15																		
16																		
(六) 17																		
19																		
20		57⅝						58¼										
21		58												116¼				
22																		
23																		
(六) 24				51⅞							52					103⅞		
26				51⅛							51¼					102⅜		
27																		
28				50⅞							51					101⅞		
29	57⅛						57¾						114⅞					
30		59¼						59½						118¾				
十月 1 (六)		60¼						60						120¼				
3		60⅜						60⅜						120¾				
4																		
5			62					62							124			
6			63					63							126			
7																		
(六) 8			64¼						64						128¼			
10																		
11																		
13			65⅜						65⅛						130½			
14																		
(六) 15																		
17																		
18																		
19																		
20																		
21																		
(六) 22			65⅞						67½						133⅜			
24			66												133½			

CHART SIX 表六 說明

• 十一月十八日，將美國鋼鐵和伯利恆鋼鐵的價格都填進自然回檔欄位裡。參照規則6A。

表　六

CHART SIX

		次級反彈	自然彈升	上升趨勢	下降趨勢	自然回檔	次級回檔	次級反彈	自然彈升	上升趨勢	下降趨勢	自然回檔	次級回檔	次級反彈	自然彈升	上升趨勢	下降趨勢	自然回檔	次級回檔
	1938			66						67½						133½			
	年			美國鋼鐵						伯利恆鋼鐵						關鍵價格			
十月	25			66⅛						67⅞						134			
	26																		
	27			66½						68⅞						135⅜			
	28																		
(六)	29																		
	31																		
十一月	1									69						135½			
	2																		
	3									69½						136			
	4																		
(六)	5																		
	7			66¾						71⅞						138⅝			
	9			69½						75⅜						144⅞			
	10			70						75½						145½			
(六)	12			71¼						77⅝						148⅞			
	14																		
	15																		
	16																		
	17																		
	18					65⅛						71⅞						137	
(六)	19																		
	21																		
	22																		
	23																		
	25																		
(六)	26					63¼						71½						134¾	
	28					61						68¾						129¾	
	29																		
	30																		
十二月	1																		
	2																		
(六)	3																		
	5																		
	6																		
	7																		
	8																		

CHART SEVEN 表七 說明

- 十二月十四日，將美國鋼鐵和伯利恆鋼鐵的價格都填進自然彈升欄位裡。參照規則6D。
- 十二月二十八日，用黑筆將伯利恆鋼鐵的價格填入上升趨勢欄位內，因為這個價格已經高於該欄位的最後一個數字。
- 一月四日，根據李佛摩價格記錄法，市場即將展開另一種走勢，參照規則說明10A與10B。
- 一月十二日，將美國鋼鐵和伯利恆鋼鐵的價格都填入次級回檔欄位裡。參照規則6H。

表 七

CHART SEVEN

	次級反彈	自然彈升	上升趨勢	下降趨勢	自然回檔	次級回檔	次級反彈	自然彈升	上升趨勢	下降趨勢	自然回檔	次級回檔	次級反彈	自然彈升	上升趨勢	下降趨勢	自然回檔	次級回檔
			71¼						77⅝						148⅞			
					61						68¾						129¾	
1938年	美國鋼鐵						伯利恆鋼鐵						關鍵價格					
十二月 9																		
(六) 10																		
12																		
13																		
14		66⅝						75¼						141⅞				
15		67⅛						76⅜						143½				
16																		
(六) 17																		
19																		
20																		
21																		
22																		
23																		
(六) 24																		
27																		
28		67¾							78					145¾				
29																		
30																		
(六) 31																		
1939 一月 3																		
4		70							80						150			
5																		
6																		
(六) 7																		
9																		
10																		
11												73¾						
12						62⅝						71½						134⅛
13																		
(六) 14																		
16																		
17																		
18																		
19																		
20																		
(六) 21						62						69½						131½

CHART EIGHT 表八 說明

• 一月二十三日，將美國鋼鐵和伯利恆鋼鐵的價格都填入下降趨勢欄位裡。參照規則5B。

• 一月三十一日，將美國鋼鐵和伯利恆鋼鐵的價格都填入自然彈升欄位裡。參照規則6C與4C。

表 八

CHART EIGHT

	次級反彈	自然彈升	上升趨勢	下降趨勢	自然回檔	次級回檔	次級反彈	自然彈升	上升趨勢	下降趨勢	自然回檔	次級回檔	次級反彈	自然彈升	上升趨勢	下降趨勢	自然回檔	次級回檔
			71¼						77⅝						148⅞			
					61						68¾						129¾	
		70							80						150			
1939						62						69½						131½
年	美國鋼鐵						伯利恆鋼鐵						關鍵價格					
一月 23				57⅞						63¾						121⅝		
24				56½						63¼						119¾		
25				55⅝						63						118⅝		
26				53¼						60¼						113½		
27																		
(六) 28																		
30																		
31		59½						68½						128				
二月 1																		
2		60												128½				
3																		
(六) 4		60⅝						69						129⅝				
6								69⅞						130¾				
7																		
8																		
9																		
10																		
(六) 11																		
14																		
15																		
16								70¾						131⅝				
17		61⅛						71¼						132⅜				
(六) 18		61¼												132½				
20																		
21																		
23																		
24		62¼						72⅜						134⅝				
(六) 25		63¾						74¾						138½				
27																		
28		64¾						75						139¾				
三月 1																		
2																		
3		64⅞						75¼						140				
(六) 4								75½						140⅜				
6																		
7																		

CHART NINE 表九 說明

- 三月十六日，將美國鋼鐵和伯利恆鋼鐵的價格都填入自然回檔欄位裡。參照規則6B。
- 三月三十日，將美國鋼鐵的價格填入下降趨勢欄位裡，因為股價掉到比下降趨勢欄位先前記錄的價格還低。
- 三月三十一日，將伯利恆鋼鐵價格填入下降趨勢欄位裡，因為股價掉到比下降趨勢欄位先前記錄的價格還低。
- 四月十五日，將美國鋼鐵和伯利恆鋼鐵的價格都填入自然回檔欄位裡。參照規則6C。

表　　九

CHART NINE

		次級反彈	自然彈升	上升趨勢	下降趨勢	自然回檔	次級回檔	次級反彈	自然彈升	上升趨勢	下降趨勢	自然回檔	次級回檔	次級反彈	自然彈升	上升趨勢	下降趨勢	自然回檔	次級回檔
					53¼						60¼						113½		
	1939		64⅞						75½						140⅜				
	年		美國鋼鐵						伯利恆鋼鐵						關鍵價格				
三月	8		65												140½				
	9		65½						75⅞						141⅜				
	10																		
(六)	11																		
	13																		
	14																		
	15																		
	16					59⅝						69¼						128⅞	
	17					56¾						66¾						123½	
(六)	18					54¾						65						119¾	
	20																		
	21																		
	22					53½						63⅝						117⅛	
	23																		
	24																		
(六)	25																		
	27																		
	28																		
	29																		
	30				52⅛							62						114⅛	
	31				49⅞						58¾						108⅝		
四月	1(六)																		
	3																		
	4				48¼						57⅝						105⅞		
	5																		
	6				47¼						55½						102¾		
(六)	8				44⅞						52½						97⅜		
	10																		
	11				44⅜						51⅝						96		
	12																		
	13																		
	14																		
(六)	15		50						58½						108½				
	17																		
	18																		
	19																		

CHART TEN 表十 說明

- 五月十七日，將美國鋼鐵和伯利恆鋼鐵的價格都填入自然回檔欄位裡。次日，五月十八日，將美國鋼鐵的價格填入下降趨勢欄位裡，參照規則6D（編按：應為6E）。
- 五月十九日，在伯利恆鋼鐵的下降趨勢欄位內畫紅色底線，代表這個價格與下降趨勢欄位最後記錄的那個價格相同。
- 五月二十五日，將美國鋼鐵和伯利恆鋼鐵的價格都填入次級反彈欄位裡。參照規則6C（編按：應為6G）。

表　十

CHART TEN

	次級反彈	自然彈升	上升趨勢	下降趨勢	自然回檔	次級回檔	次級反彈	自然彈升	上升趨勢	下降趨勢	自然回檔	次級回檔	次級反彈	自然彈升	上升趨勢	下降趨勢	自然回檔	次級回檔
				44 3/8						51 5/8						96		
1939		50						58 1/2						108 1/2				
年		美國鋼鐵						伯利恆鋼鐵						關鍵價格				
四月 20																		
21																		
(六) 22																		
24																		
25																		
26																		
27																		
28																		
(六) 29																		
五月 1																		
2																		
3																		
4																		
5																		
(六) 6																		
8																		
9																		
10																		
11																		
12																		
(六) 13																		
15																		
16																		
17					44 5/8						52						96 5/8	
18				43 1/4												95 1/4		
19										—						94 7/8		
(六) 20																		
22																		
23																		
24																		
25	48 3/4						57 3/4						106 1/2					
26	49						58						107					
27	49 3/8							—					107 7/8					
(六) 29		50 1/4						59 3/8						109 5/8				
31		50 7/8						60						110 7/8				
六月 1																		

CHART ELEVEN 表十一 說明

• 六月十六日，將伯利恆鋼鐵價格填入自然回檔欄位裡，參照規則6B。

• 六月二十八日，將美國鋼鐵的價格填入自然回檔欄位裡，參照規則6B。

• 六月二十九日，將伯利恆鋼鐵價格填入下降趨勢欄位裡，因為這個價格已經比下降趨勢欄位先前記錄的價格還低。

• 七月十三日，將美國鋼鐵和伯利恆鋼鐵的價格都填入次級反彈欄位裡，參照規則6G。

表十一

CHART ELEVEN

	次級反彈	自然彈升	上升趨勢	下降趨勢	自然回檔	次級回檔	次級反彈	自然彈升	上升趨勢	下降趨勢	自然回檔	次級回檔	次級反彈	自然彈升	上升趨勢	下降趨勢	自然回檔	次級回檔
				44 3/8						51 5/8						96		
		50						58 1/2						108 1/2				
				43 1/4						—						94 7/8		
1939		50 7/8						60						110 7/8				
年			美國鋼鐵						伯利恆鋼鐵						關鍵價格			
六月 2																		
(六) 3																		
5																		
6																		
7																		
8																		
9																		
(六) 10																		
12																		
13																		
14																		
15																		
16											54							
(六) 17																		
19																		
20																		
21																		
22																		
23																		
(六) 24																		
26																		
27																		
28					45						52 1/2						97 1/2	
29					43 3/4					51						94 3/4		
30					43 5/8					50 1/4						93 7/8		
七月 1 (六)																		
3																		
5																		
6																		
7																		
(六) 8																		
10																		
11																		
12																		
13	48 1/4						57 1/4						105 1/2					
14																		

CHART TWELVE 表十二 說明

- 七月二十一日，將伯利恆鋼鐵價格填入上升趨勢欄位裡。隔天，七月二十二日，將美國鋼鐵的價格填入上升趨勢欄位裡，參照規則5A。
- 八月四日，將美國鋼鐵和伯利恆鋼鐵的價格都填入自然回檔欄位裡。參照規則4A。
- 八月二十三日，將美國鋼鐵的價格填入下降趨勢欄位裡，因為這個價格已經比下降趨勢欄位先前記錄的價格還低。

表 十 二

CHART TWELVE

	次級反彈	自然彈升	上升趨勢	下降趨勢	自然回檔	次級回檔	次級反彈	自然彈升	上升趨勢	下降趨勢	自然回檔	次級回檔	次級反彈	自然彈升	上升趨勢	下降趨勢	自然回檔	次級回檔
				$43\frac{1}{4}$						$51\frac{5}{8}$						$94\frac{7}{8}$		
		$50\frac{7}{8}$						60						$110\frac{7}{8}$				
					$43\frac{5}{8}$					$50\frac{1}{4}$						$93\frac{7}{8}$		
1939	$48\frac{1}{4}$						$57\frac{1}{4}$						$105\frac{1}{2}$					
年		美國鋼鐵						伯利恆鋼鐵						關鍵價格				
七月 15(六)																		
17	$50\frac{3}{4}$							$60\frac{3}{8}$						$111\frac{1}{8}$				
18		$51\frac{7}{8}$						62						$113\frac{7}{8}$				
19																		
20																		
21		$52\frac{1}{2}$							63					$115\frac{1}{2}$				
(六) 22			$54\frac{1}{8}$						65						$119\frac{1}{8}$			
24																		
25			$55\frac{1}{8}$						$65\frac{3}{4}$						$120\frac{7}{8}$			
26																		
27																		
28																		
(六) 29																		
31																		
八月 1																		
2																		
3																		
4					$49\frac{1}{2}$						$59\frac{1}{2}$						109	
(六) 5																		
7					$49\frac{1}{4}$												$108\frac{3}{4}$	
8																		
9											59						$108\frac{1}{4}$	
10					$47\frac{3}{4}$						58						$105\frac{3}{4}$	
11					47												105	
(六) 12																		
14																		
15																		
16																		
17					$46\frac{1}{2}$												$104\frac{1}{2}$	
18					45						$55\frac{1}{8}$						$100\frac{1}{8}$	
(六) 19																		
21					$43\frac{3}{8}$						$53\frac{3}{8}$						$96\frac{3}{4}$	
22																		
23				$42\frac{5}{8}$													96	
24				$41\frac{5}{8}$							$51\frac{7}{8}$					$93\frac{1}{2}$		
25																		

CHART THIRTEEN 表十三 說明

- 八月二十九日，將美國鋼鐵和伯利恆鋼鐵的價格都填入自然彈升欄位裡。參照規則6D（編按：應為6E）。
- 九月二日，將美國鋼鐵和伯利恆鋼鐵的價格都填進上升趨勢欄位裡，因為這個價格已經高於上升趨勢欄先前最後紀錄的價格還高。
- 九月十四日，將美國鋼鐵和伯利恆鋼鐵的價格都填入自然回檔欄位裡。參照規則6A與4A。
- 九月十九日，將美國鋼鐵和伯利恆鋼鐵的價格都填入自然彈升欄位裡，參照規則6D與4B。
- 九月二十八日，將美國鋼鐵和伯利恆鋼鐵的價格都填入次級回檔欄位裡，參照規則6H。
- 十月六日，將美國鋼鐵和伯利恆鋼鐵的價格都填入次級反彈欄位裡，參照規則6G。

表 十 三

CHART THIRTEEN

	次級反彈	自然彈升	上升趨勢	下降趨勢	自然回檔	次級回檔	次級反彈	自然彈升	上升趨勢	下降趨勢	自然回檔	次級回檔	次級反彈	自然彈升	上升趨勢	下降趨勢	自然回檔	次級回檔
				43 1/4						50 1/4						93 7/8		
			55 1/2						65 3/4						120 7/8			
1939				41 5/8							51 7/8					93 1/2		
年			美國鋼鐵						伯利恆鋼鐵						關鍵價格			
八月 26																		
28																		
29		48						60 1/2						108 1/2				
30																		
31																		
九月 1		52						65 1/2						117 1/2				
2			55 1/4						70 3/8						125 5/8			
5			66 7/8						85 1/2						152 3/8			
6																		
7																		
8			69 3/4						87						156 3/4			
(六) 9			70						88 3/4						158 3/4			
11			78 5/8						100						178 5/8			
12			82 3/4												182 3/4			
13																		
14					76 3/8						91 3/4						168 1/8	
15																		
(六) 16					75 1/2						88 3/8						163 7/8	
18					70 1/2						83 3/4						154 1/4	
19		78						92 3/8						170 3/8				
20		80 5/8						95 5/8						176 1/4				
21																		
22																		
(六) 23																		
25																		
26																		
27																		
28						75 1/8						89						164 1/8
29						73 1/2						86 3/4						160 1/4
(六) 30																		
十月 2																		
3																		
4						73						86 1/4						159 1/4
5																		
6	78 1/2						92 3/4						171 1/4					
7																		

CHART FOURTEEN 表十四 說明

- 十一月三日，將美國鋼鐵的價格填入次級回檔欄位裡，因為這個價格比該欄位先前最後一個數字還低。
- 十一月九日，在美國鋼鐵自然回檔的欄位上畫記橫線，因為這個價格與自然回檔欄位先前最後記錄的數字相同。同一天，在伯利恆鋼鐵的自然回檔欄位內紀錄一個新價格，因為這個價格比該欄位先前最後紀錄的價格還低。

表十四
CHART FOURTEEN

	次級反彈	自然彈升	上升趨勢	下降趨勢	自然回檔	次級回檔	次級反彈	自然彈升	上升趨勢	下降趨勢	自然回檔	次級回檔	次級反彈	自然彈升	上升趨勢	下降趨勢	自然回檔	次級回檔
			82 3/4						100						182 3/4			
					70 1/2						83 3/4						154 1/4	
		80 5/8						95 5/8						176 1/4				
						73						86 1/4						159 1/4
1939	78 1/2						92 3/4						171 1/4					
年			美國鋼鐵						伯利恆鋼鐵						關鍵價格			
十月 9																		
10																		
11																		
13																		
(六) 14																		
16																		
17	78 7/8						93 7/8						172 3/4					
18	79 1/4												173 1/2					
19																		
20																		
(六) 21																		
23																		
24																		
25																		
26																		
27																		
(六) 28																		
30																		
31																		
十一月 1																		
2																		
3						72 1/2												
(六) 4																		
6																		
8						72 1/8						86 1/8						158 1/4
9					—						83 1/4						153 3/4	
10					68 3/4						81 3/4						150 1/2	
13																		
14																		
15																		
16																		
17																		
(六) 18																		
20																		
21																		
22																		

CHART FIFTEEN 表十五 說明

・十一月二十四日，將美國鋼鐵的價格填入下降趨勢欄位裡，參照規則6E。次日，十一月二十五日，將伯利恆鋼鐵價格填入下降趨勢欄位裡，參照規則6E。

・十二月七日，將美國鋼鐵和伯利恆鋼鐵的價格都填入自然彈升欄位裡，參照規則6C。

表十五

CHART FIFTEEN

	次級反彈	自然彈升	上升趨勢	下降趨勢	自然回檔	次級回檔	次級反彈	自然彈升	上升趨勢	下降趨勢	自然回檔	次級回檔	次級反彈	自然彈升	上升趨勢	下降趨勢	自然回檔	次級回檔
			82¾						100						182¾			
					70½						83¾						154¼	
		80⅝						95⅝						176¼				
1939					68¾						81¾						150½	
年	美國鋼鐵						伯利恆鋼鐵						關鍵價格					
十一月 24				66⅞							81					147⅞		
(六) 25										80¾						147⅝		
27																		
28																		
29				65⅞						78⅛						144		
30				63⅝						77						140⅝		
十二月 1																		
(六) 2																		
4																		
5																		
6																		
7		69¾						84						153¾				
8																		
(六) 9																		
11																		
12																		
13																		
14								84⅞						154⅝				
15																		
(六) 16																		
18																		
19																		
20																		
21																		
22																		
(六) 23																		
26																		
27																		
28																		
29																		
(六) 30																		
1940 一月 2																		
3																		
4																		
5																		
(六) 6																		

CHART SIXTEEN 表十六 說明

- 一月九日，將美國鋼鐵和伯利恆鋼鐵的價格都填入自然回檔欄位裡，參照規則6B。
- 一月十一日，將美國鋼鐵和伯利恆鋼鐵的價格都填入下降趨勢欄位裡，因為兩者的價格都比下降趨勢欄位先前最後一個數字還低。
- 二月七日，將伯利恆鋼鐵的價格填入自然彈升欄位中，當天該股首次出現達到必要幅度六點的反彈。次日，除了伯利恆鋼鐵，也要紀錄美國鋼鐵的價格以及關鍵價格，因為美國鋼鐵也出現適當的反彈幅度，達到了著手記錄的標準。

表 十 六

CHART SIXTEEN

	次級反彈	自然彈升	上升趨勢	下降趨勢	自然回檔	次級回檔	次級反彈	自然彈升	上升趨勢	下降趨勢	自然回檔	次級回檔	次級反彈	自然彈升	上升趨勢	下降趨勢	自然回檔	次級回檔
				$63\frac{5}{8}$						77						$140\frac{5}{8}$		
1940		$69\frac{3}{4}$						$84\frac{7}{8}$						$154\frac{5}{8}$				
年			美國鋼鐵						伯利恆鋼鐵						關鍵價格			
一月 8																		
9					$64\frac{1}{4}$						$78\frac{1}{2}$						$142\frac{3}{4}$	
10					$63\frac{3}{4}$												$142\frac{1}{4}$	
11				62						$76\frac{1}{2}$						$138\frac{1}{2}$		
12				$60\frac{1}{8}$						$74\frac{1}{8}$						$134\frac{1}{4}$		
(六) 13				$59\frac{5}{8}$						$73\frac{1}{2}$						$133\frac{1}{8}$		
15				$57\frac{1}{2}$						72						$129\frac{1}{2}$		
16																		
17																		
18				$56\frac{7}{8}$						$71\frac{1}{2}$						$128\frac{3}{8}$		
19										71						$127\frac{7}{8}$		
(六) 20																		
22				$55\frac{7}{8}$						$70\frac{1}{8}$						126		
23																		
24																		
25																		
26																		
(六) 27																		
29																		
30																		
31																		
二月 1																		
2																		
(六) 3																		
5																		
6																		
7								$76\frac{3}{8}$										
8		61						78						139				
9		$61\frac{3}{4}$						$79\frac{1}{2}$						$141\frac{1}{4}$				
(六) 10																		
13																		
14																		
15																		
16					$56\frac{1}{8}$													
(六) 17																		
19																		

一起來　0ZTK0029

李佛摩股市操盤術：超越時代的傳奇作手唯一真傳

How to Trade in Stocks

作　　者　傑西・李佛摩 Jesse Livermore
譯　　者　陳旭華
主　　編　林子揚
編　　輯　吳昕儒

總 編 輯　陳旭華 steve@bookrep.com.tw
出版單位　一起來出版／遠足文化事業股份有限公司
發　　行　遠足文化事業股份有限公司（讀書共和國出版集團）
　　　　　23141 新北市新店區民權路 108-2 號 9 樓
電　　話　(02) 22181417
法律顧問　華洋法律事務所　蘇文生律師

封面設計　萬勝安
內頁排版　新鑫電腦排版工作室
印　　製　成陽印刷股份有限公司
初版一刷　2021 年 12 月
初版五刷　2023 年 11 月
定　　價　380 元
ＩＳＢＮ　9786269501458（平裝）
　　　　　9786269501496（EPUB）
　　　　　9786269501472（PDF）

國家圖書館出版品預行編目 (CIP) 資料

李佛摩股市操盤術：超越時代的傳奇作手唯一真傳 / 傑西・李佛摩 著；
　陳旭華 譯 . -- 初版 . -- 新北市 : 一起來出版 , 遠足文化事業股份
　有限公司 , 2021.12
　面；　公分 . --（一起來思 ; 29）
譯自 : How to trade in stocks
ISBN 978-626-95014-5-8 (平裝)

1. 股票　2. 投資分析　3. 市場預測

563.5　　110016613